SUPER
J-Book Series

地学基礎
2023高卒認定

スーパー実戦過去問題集

編集●J-出版編集部　　　　　　　制作●J-Web School

最新過去問題
&詳細解説
6回分
(2020~2022年)

JN113429

J-出版

も く じ

高卒認定情報ほか

問題／解答・解説

1. 高等学校卒業認定試験とは

　高等学校卒業程度認定試験（高卒認定試験）は、高等学校を卒業していないなどのため、大学等の受験資格がない方に対し、高等学校卒業者と同等以上の学力があるかどうかを認定する試験です。合格者には大学・短大・専門学校や看護学校などの受験資格が与えられるだけでなく、高等学校卒業者と同等以上の学力がある者として認定され、就職、転職、資格試験等に広く活用することができます。ただし、試験で合格点を得た者が満18歳に達していないときには、18歳の誕生日の翌日から合格者となります。

2. 受験資格

　受験年度末の3月31日までに満16歳以上になる方。現在、高等学校等に在籍されている方も受験が可能です。ただし、すでに大学入学資格を持っている方は受験できません。

3. 実施日程

　試験は8月と11月の年2回実施されます。8月試験と11月試験の受験案内（願書）配布開始日、出願期間、試験日、結果通知送付日は以下のとおりです（令和4年度の実施日程を基に作成しています。最新の実施日程については文部科学省のホームページを確認してください）。

	第1回（8月試験）	第2回（11月試験）
配 布 開 始 日	4 月 4 日(月)～	7 月19日(火)～
出 願 期 間	4 月 4 日(月)～ 5 月 9 日(月)	7 月19日(火)～ 9 月13日(火)
試 験 日	8 月 4 日(木)・5 日(金)	11月 5 日(土)・6 日(日)
結果通知送付日	8 月30日(火)発送	12月 6 日(火)発送

4. 試験科目と合格要件

　試験の合格者となるためには、合格要件に沿って8科目もしくは9科目、10科目の試験科目に合格することが必要です（「公民」および「理科」の選択科目によって科目数が異なります）。

教科	試験科目	科目数	合格要件
国語	国語	1	必修
地理歴史	世界史A、世界史B	1	2科目のうちいずれか1科目必修
	日本史A、日本史B	1	4科目のうちいずれか1科目必修
	地理A、地理B		
公民	現代社会	1 または 2	「現代社会」1科目 「倫理」および「政治・経済」の2科目｝いずれか必修
	倫理		
	政治・経済		
数学	数学	1	必修
理科	科学と人間生活	2 または 3	以下の①、②のいずれかが必修 ①「科学と人間生活」の1科目と「物理基礎」、「化学基礎」、「生物基礎」、「地学基礎」のうち1科目（合計2科目） ②「物理基礎」、「化学基礎」、「生物基礎」、「地学基礎」のうち3科目（合計3科目）
	物理基礎		
	化学基礎		
	生物基礎		
	地学基礎		
外国語	英語	1	必修

5. 試験科目の出題範囲

試験科目	出題範囲（対応する教科書名）	
国語	「国語総合」古文・漢文含む	
世界史A	「世界史A」	平成25年4月以降の高等学校入学者が使用している教科書
世界史B	「世界史B」	
日本史A	「日本史A」	
日本史B	「日本史B」	
地理A	「地理A」	
地理B	「地理B」	
現代社会	「現代社会」	
倫理	「倫理」	
政治・経済	「政治・経済」	
数学	「数学Ⅰ」	平成24年4月以降の高等学校入学者が使用している教科書
科学と人間生活	「科学と人間生活」	
物理基礎	「物理基礎」	
化学基礎	「化学基礎」	
生物基礎	「生物基礎」	
地学基礎	「地学基礎」	
英語	「コミュニケーション英語Ⅰ」	平成25年4月以降の高等学校入学者が使用している教科書

出願から合格まで

1. 受験願書の入手

　受験案内（願書）は、文部科学省や各都道府県教育委員会、各都道府県の配布場所などで配布されます。ただし、配布期間は年度毎に異なりますので、文部科学省のホームページなどで事前に確認してください。なお、直接取りに行くことができない方はパソコンやスマートフォンで受験案内（願書）を請求することが可能です。

〈パソコンもしくはスマートフォンで請求する場合〉
　　次のURLにアクセスし、画面の案内に従って申し込んでください。　　https://telemail.jp/shingaku/pc/gakkou/kousotsu/
○受験案内（願書）は、配布開始時期のおよそ1か月前から出願締切のおよそ1週間前まで請求できます。
○請求後、受験案内（願書）は発送日から通常3〜5日程度で届きます。ただし、配布開始日以前に請求した場合は予約扱いとなり、配布開始日に発送されます。
○受験案内（願書）に同封されている支払い方法に従って料金を払います。
○不明な点はテレメールカスタマーセンター（TEL：050-8601-0102　受付時間：9:30〜18:00）までお問い合わせください。

2. 出願書類の準備

　受験案内（願書）を入手したら、出願に必要な次の書類を用意します（令和4年度の受験案内を基に作成しています。内容が変更になる場合もあるため、最新の受験案内を必ず確認してください）。

　　①受験願書・履歴書
　　②受験料（収入印紙）
　　③写真2枚（縦4cm×横3cm）　※同じ写真を2枚用意
　　④住民票または戸籍抄本
　　⑤科目合格通知書　※一部科目合格者のみ
　　⑥試験科目の免除に必要な書類（単位修得証明書、技能審査の合格証明書）　※試験科目の免除を申請する者のみ
　　⑦氏名、本籍の変更の経緯がわかる公的書類（戸籍抄本等）　※必要な者のみ
　　⑧個人情報の提供にかかる同意書　※該当者のみ
　　⑨特別措置申請書および医師の診断・意見書　※必要な者のみ
　　⑩出願用の封筒

①受験願書・履歴書

受験願書・履歴書の用紙は受験案内に添付されています。

②受験料（収入印紙）

受験科目が7科目以上の場合は 8,500 円、4科目以上6科目以下の場合は 6,500 円、3科目以下の場合は 4,500 円です。受験料分の日本政府発行の収入印紙（都道府県発行の収入証紙等は不可）を郵便局等で購入し、受験願書の所定欄に貼り付けてください。

③写真2枚（縦4cm×横3cm）

出願前6か月以内に撮影した、無帽・背景無地・正面上半身の写真を2枚（同一のもの）用意し、裏面に受験地と氏名を記入して受験願書の所定欄に張り付けてください。写真は白黒・カラーいずれも可です。

④住民票または戸籍抄本（原本）

出願前6か月以内に交付され、かつ「本籍地（外国籍の方は国籍等）」が記載されたものを用意してください。マイナンバーの記載は不要です。海外在住の外国籍の方で提出が困難な場合は、必ず事前に文部科学省総合教育政策局生涯学習推進課認定試験第二係まで問い合わせてください。　TEL：03-5253-4111（代表）（内線 2590・2591）

⑤科目合格通知書（原本）

過去に高等学校卒業程度認定試験または大学入学資格検定において、一部科目に合格している方は提出してください。なお、紛失した場合は受験案内にある「科目合格通知書再交付願」で出願前に再交付を受けてください。結婚等により、科目合格通知書に記載された氏名または本籍に変更がある場合は、「⑦氏名、本籍の変更の経緯がわかる公的書類（戸籍抄本等）」をあわせて提出してください。

⑥試験科目の免除に必要な書類（単位修得証明書、技能審査の合格証明書）（原本）

試験科目の免除を申請する方は受験案内を確認し、必要書類を提出してください。なお、単位修得証明書が発行元で厳封されていない場合は受理されません。結婚等により、試験科目の免除に必要な書類の氏名に変更がある場合は、「⑦氏名、本籍の変更の経緯がわかる公的書類（戸籍抄本等）」をあわせて提出してください。

⑦氏名、本籍の変更の経緯がわかる公的書類（戸籍抄本等）（原本）

結婚等により、「⑤科目合格通知書」や「⑥試験科目の免除に必要な書類」に記載された氏名または本籍が変更となっている場合に提出してください。

⑧個人情報の提供にかかる同意書

外国籍の方で、過去に高等学校卒業程度認定試験または大学入学資格検定で合格した科目があり、「⑤科目合格通知書」の氏名（本名）または国籍に変更がある場合は、提出してください。

⑨特別措置申請書および医師の診断・意見書

身体上の障がい等により、受験の際に特別措置を希望する方は、受験案内を確認し、必要書類を提出してください。

⑩出願用の封筒

出願用の封筒は受験案内に添付されています。封筒の裏面に氏名、住所、受験地を明記し、「出願書類確認欄」を用いて必要書類が揃っているかを再度チェックし、不備がなければ郵便局の窓口で「簡易書留扱い」にして文部科学省宛に送付してください。

3. 受験票

受験票等（受験科目決定通知書、試験会場案内図および注意事項を含む）は文部科学省から受験願書に記入された住所に届きます。受験案内に記載されている期日を過ぎても到着しない場合や記載内容に誤りがある場合は、文部科学省総合教育政策局生涯学習推進課認定試験第二係に連絡してください。　TEL：03-5253-4111（代表）　①試験実施に関すること（内線 2024・2643）　②証明書に関すること（内線 2590・2591）

4. 合格発表・結果通知

試験の結果に応じて、文部科学省から次のいずれかの書類が届きます。全科目合格者には「**合格証書**」、一部科目合格者には「**科目合格通知書**」、その他の者には「**受験結果通知**」が届きます。「**合格証書**」が届いた方は、大学入学資格（高等学校卒業程度認定資格）が与えられます。ただし、試験で合格点を得た方が満 18 歳に達していないときには、18 歳の誕生日の翌日から合格者となります。そのため、大学入学共通テスト、大学の入学試験等については、原則として満 18 歳になる年度から受験が可能となります。大学入学共通テストについては、独立行政法人大学入試センター　事業第一課（TEL：03-3465-8600）にお問い合わせください。「**科目合格通知書**」が届いた方は、高等学校卒業程度認定試験において1科目以上の科目を合格した証明になりますので、次回の受験まで大切に保管するようにしてください。なお、一部科目合格者の方は「**科目履修制度**」を利用して、合格に必要な残りの科目について単位を修得することによって、高等学校卒業程度認定試験合格者となることができます（「**科目履修制度**」については次のページもあわせて参照してください）。

科目履修制度（未合格科目を免除科目とする）

1.科目履修制度とは

　科目履修制度とは、通信制などの高等学校の科目履修生として未合格科目（合格に必要な残りの科目）を履修し、レポートの提出とスクーリングの出席、単位認定試験の受験をすることで履修科目の単位を修得する制度となります。この制度を利用して単位を修得した科目は、免除科目として文部科学省に申請することができます。高等学校卒業程度認定試験（高卒認定試験）の合格科目と科目履修による単位修得を合わせることにより、高等学校卒業程度認定試験の合格者となることができるのです。

2.科目履修の学習内容

　レポートの提出と指定会場にて指定回数のスクーリングに出席し、単位認定試験で一定以上の点数をとる必要があります。

3.科目履修制度の利用

❶ すでに高卒認定試験で合格した一部科目と科目履修を合わせることにより高卒認定試験合格者となる。

| 高卒認定試験
既合格科目 | + | 科目履修
（残り科目を履修） | = | 合わせて
8科目以上 | 高卒認定試験
合格 |

※最低1科目の既合格科目または合格見込科目が必要

　① 苦手科目がどうしても合格できない方　　② 合格見込成績証明書を入手し、受験手続をしたい方
　③ 残り科目を確実な方法で合格したい方　　④ 大学・短大・専門学校への進路が決まっている方

❷ 苦手科目等を先に科目履修で免除科目にして、残りの得意科目は高卒認定試験で合格することで高卒認定試験合格者となる。

| 科目履修
（苦手科目等を履修） | + | 高卒認定試験
科目受験 | = | 合わせて
8科目以上 | 高卒認定試験
合格 |

※最低1科目の既合格科目または合格見込科目が必要

　① 得意科目だけで高卒認定試験の受験に臨みたい方　　② できるだけ受験科目数を減らしたい方
　③ どうしても試験で合格する自信のない科目がある方　　④ 確実な方法で高卒認定試験の合格を目指したい方

4.免除を受けることができる試験科目と免除に必要な修得単位数

免除が受けられる試験科目	高等学校の科目	免除に必要な修得単位数
国語	「国語総合」	4
世界史A	「世界史A」	2
世界史B	「世界史B」	4
日本史A	「日本史A」	2
日本史B	「日本史B」	4
地理A	「地理A」	2
地理B	「地理B」	4
現代社会	「現代社会」	2
倫理	「倫理」	2
政治・経済	「政治・経済」	2
数学	「数学I」	3
科学と人間生活	「科学と人間生活」	2
物理基礎	「物理基礎」	2
化学基礎	「化学基礎」	2
生物基礎	「生物基礎」	2
地学基礎	「地学基礎」	2
英語	「コミュニケーション英語I」	3

（注）上記に記載されている免除に必要な修得単位数はあくまで標準的修得単位数であり、学校によっては科目毎の設定単位数が異なる場合があります。

■科目履修制度についてより詳しく知りたい方は、J-出版編集部にお問い合わせください。
TEL：03-5800-0552
Mail：info@j-publish.net
http://www.j-publish.net/risyu/

1. 出題傾向

　過去3年間の8月試験および11月試験の出題傾向は以下のとおりです。地学基礎の場合、同じ年度においては8月試験と11月試験で同じような範囲からの出題が多く見られます。しかし、年度や回によって出題内訳のバランスが変わることもあるので、大問によっては前回とまったく違う範囲から出題されることもあります。過去の出題をよく見てどのようなバランスで出題されているかを確認のうえ、学習を進めてください。

出題内容	令和2年度第1回	令和2年度第2回	令和3年度第1回	令和3年度第2回	令和4年度第1回	令和4年度第2回	配点
宇宙における地球							合計20問の出題で大問ごとに均等な出題数と配点(5点×20)。
1.宇宙のすがた			●	●	●		
2.太陽と惑星	●	●	●	●		●	
3.太陽系の中の地球					●		
地球の活動と移り変わり							
1.地球の形と大きさ	●						
2.地球内部の層構造			●			●	
3.プレートの運動			●		●		
4.火山活動と地震	●	●	●				
5.地層の形成と地質構造		●		●		●	
6.古生物の変遷と地球環境	●					●	
大気と海洋							
1.地球の熱収支		●	●				
2.大気と海水の運動	●			●	●	●	
3.日本の気象・自然環境			●				

２．出題内容と対策

1

　大問１はほぼ毎回、天体・宇宙の範囲から出題されています。内容も宇宙のはじまりから太陽、惑星、月、彗星など広範にわたっています。このなかでとくに重要となるのは太陽に関する内容です。過去の出題を見ても頻出事項といえるので、まずは太陽についてしっかり学習したうえで、ほかの範囲を見ていくようにしてください。また、天体の範囲では距離を表す概念などいろいろな単位が出てくるので、このあたりはまとめて整理したうえで覚えるようにしましょう。

2

　大問２は年度や回によって出題内容が大きく変わる可能性があります。天体の範囲から出題される場合と、地質の範囲から出題される場合に分かれます。地質に関する内容は大問３および大問４でも出題されるので、ここで何が出題されるかによって試験の出題バランスが大きく変わります。ただし、どちらの範囲から出題される場合でも主たるテーマは地球に関する事柄になるので的は絞りやすいといえます。天体としての地球、地球の大きさや形、内部構造など重要事項を押さえるようにしましょう。

3

　大問３は地質の範囲のなかでもとくに火山・地震に関する出題が非常に多く見られます。火山については分類やマグマの性質、火山の分布などさまざまな内容が出題されています。地震についてはそのしくみやプレートの移動に関する内容も含まれます。これらの内容については事例などもよく出題されているので、過去の問題で資料などをしっかり確認してください。また、災害に関わる自然現象でもあるため自然災害に関する知識が問われる可能性も考えて学習してください。

4

　大問４は地質の範囲からの出題となりますが、とくに地層の形成や地質構造、岩石といった地質の成り立ちに関わる内容を中心に出題されています。そこでは古生物の化石と地質時代の区分に関する知識も問われます。すこし範囲が広くなりますが、用語などを意味も含めてしっかり覚えるようにしましょう。

5

　大問５は毎回、大気と海洋の範囲から出題されています。この単元は大きく分けると、「地球の熱収支」と「大気と海水の運動」の２つの範囲になり、いずれかの内容が出題される可能性が高いのですが、それに関連した日本の気象や自然現象に関する内容が出題されることもあります。出題全体のなかでは占める割合が小さい単元ですから重要事項のみに絞って学習すると効率的です。

令和4年度 第2回
高卒認定試験

地学基礎

解答時間　50分

地　学　基　礎

（解答番号　1　～　20）

1　太陽に関する**問1〜問4**に答えよ。

　太陽からは様々な波長の電磁波が放射されており，肉眼で見ている太陽の光は　A　に相当する。太陽の観測は地上だけでなく，大気の影響を受けにくい人工衛星からも行われている。また，観測する電磁波の種類を変えることで太陽の様々な姿を見ることができる。図1は国立天文台の三鷹太陽地上観測による光球の画像である。図2は太陽観測衛星「ひので」によるもので，光球を拡大した時に見ることができる模様が地上よりも詳しく観測できる。この模様は，光球の下で対流があるために見られるものである。図3は太陽観測衛星「ようこう」による，短い波長の電磁波で観測した画像で，彩層の外側に広がる太陽大気層である　B　が見られる。　B　は皆既日食のときには，地上から肉眼でも観察できる。

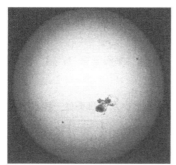 

図1　太陽の光球　　　　　図2　光球表面の模様

（国立天文台のwebサイトより）

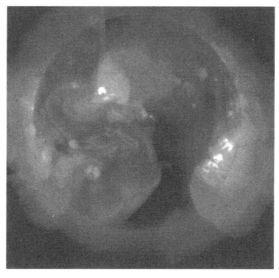

図3　彩層の外側に広がる太陽大気層（JAXAのwebサイトより）

問1　文中の　A　に当てはまる電磁波の種類として最も適当なものを，次の①〜④のうちから一つ選べ。解答番号は　1　。

① X線

② 紫外線

③ 可視光線

④ 赤外線

問2　下線部模様の名称として最も適当なものを，次の①〜④のうちから一つ選べ。
[a]
解答番号は　2　。

① 粒状斑

② 紅炎(プロミネンス)

③ 黒点

④ 白斑

問3　文中の　B　の名称とその温度の組合せとして最も適当なものを，次の①〜④のうちから一つ選べ。解答番号は　3　。

	名称	温度
①	フレア	1000 〜 2000 K
②	フレア	100万〜 200万 K
③	コロナ	1000 〜 2000 K
④	コロナ	100万〜 200万 K

問4　下線部皆既日食は太陽と月が一直線上に並び，見かけの大きさが等しいときに起こる。こ
[b]
のとき，地球から太陽までの距離が，地球から月までの距離の400倍あり，月の直径が地球
の$\frac{1}{4}$であるとすると，太陽の直径は地球の直径の何倍か。最も適当なものを，次の①〜④
のうちから一つ選べ。解答番号は　4　。

① 10

② 100

③ 1000

④ 10000

2 | 地球の内部構造に関する**問1～問4**に答えよ。

地球の内部について人類が掘削(くっさく)して調べたのはごくわずかな深さである。それより深いところは直接見ることができないが，地震波の伝わり方を解析するなどして，地球が層構造を成していることが明らかになった。

地球の内部は構成する物質の違いによって，<u>地殻，マントル，核の3つの層に分けられている</u>。地殻と，マントルの上部は，物質の違いだけではなく，物理的な性質の違いからリソスフェアとアセノスフェアに分けられている。このうち，<u>一方はプレートに相当する</u>。

図1のように，地球の体積の大部分を占めるマントルは場所によって温度や密度が違っており，内部の物質は対流している。アでは核から上昇流が生じており，プルームとよばれる。また，イでは沈み込んだプレートが核に向かって下降している。このような運動は<u>地表の様子とも大きく関わっている</u>。

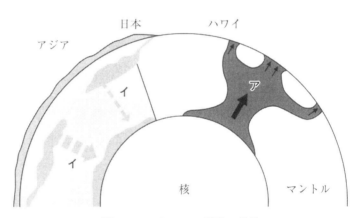

図1　マントルでの対流の様子

問1　下線部<u>地殻，マントル，核の3つの層に分けられている</u>について，各層を構成する物質の組合せとして最も適当なものを，次の①～④のうちから一つ選べ。解答番号は | 5 | 。

	地殻	マントル	核
①	岩石	岩石	金属
②	岩石	金属	金属
③	岩石	金属	岩石
④	金属	岩石	金属

問2 人類が掘削して調べたのは，大陸では深さ約12 kmまでであり，地球の半径の6400 kmからするとわずかである。掘った深さの地球の半径に対する割合と，掘削で到達した部分の名称の組合せとして最も適当なものを，次の①～④のうちから一つ選べ。

解答番号は 6 。

	半径に対する割合	掘削で到達した部分の名称
①	2 %	地殻
②	2 %	マントル
③	0.2 %	地殻
④	0.2 %	マントル

問3 下線部一方はプレートに相当するについて，プレートに相当する部分の名称と，その物理的な性質の組合せとして最も適当なものを，次の①～④のうちから一つ選べ。

解答番号は 7 。

	プレートに相当する部分の名称	物理的な性質
①	アセノスフェア	比較的温度が高く，やわらかい
②	アセノスフェア	比較的温度が低く，かたい
③	リソスフェア	比較的温度が高く，やわらかい
④	リソスフェア	比較的温度が低く，かたい

問4 下線部地表の様子とも大きく関わっているについて，図1のアとイで示した動きと，それに伴う地形の組合せとして最も適当なものを，次の①～④のうちから一つ選べ。

解答番号は 8 。

	動き	地形
①	ア	海溝
②	ア	ホットスポットによる火山
③	イ	海嶺
④	イ	カルスト台地

3 火成岩の分類に関する**問１〜問４**に答えよ。

　図１は火成岩を組織の違いから火山岩と深成岩の２つに分け，造岩鉱物の種類と含有量を示したものである。化学組成の中でSiO$_2$は最も多く含まれているため，その割合を火成岩の分類の基準としている。特に，火山岩は鉱物の結晶が小さく，鉱物の割合を調べるのが難しいため，分類するのにSiO$_2$の量を使っている。深成岩はSiO$_2$が多ければ白っぽくなり，少ないと黒っぽくなる傾向がある。表１は代表的な深成岩の化学組成である。

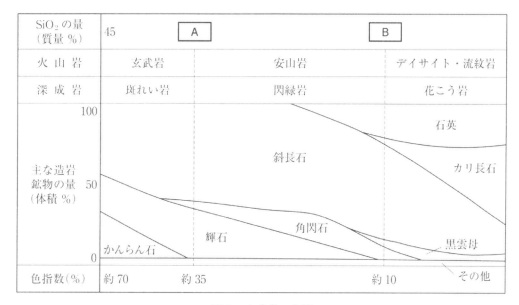

図１　火成岩の分類

表１　代表的な深成岩の化学組成（質量 %）

	SiO$_2$	TiO$_2$	Al$_2$O$_3$	Fe$_2$O$_3$ + FeO	MgO	CaO	Na$_2$O	K$_2$O
斑れい岩	50.51	2.63	13.45	11.37	7.41	11.18	2.28	0.49
閃緑岩	59.20	0.70	17.10	7.10	3.70	7.10	3.20	1.30
花こう岩	72.20	0.32	14.60	2.40	1.00	1.70	2.90	4.50

問１　図１において，等粒状組織であり，輝石，角閃石，斜長石を含む火成岩はどれか。最も適当なものを，次の①〜④のうちから一つ選べ。解答番号は　**9**　。

①　玄武岩

②　安山岩

③　閃緑岩

④　花こう岩

問 2　表1を参考にして，図1のSiO_2の量　A　と　B　に入る数値の組合せとして最も適当なものを，次の①〜④のうちから一つ選べ。解答番号は　10　。

	A	B
①	48	66
②	48	75
③	52	66
④	52	75

問 3　下線部深成岩はSiO_2が多ければ白っぽくなり，少ないと黒っぽくなる傾向があるについて，図1では火成岩の色調を表す値として「色指数」を用いている。「色指数」とはどのような値か。最も適当なものを，次の①〜④のうちから一つ選べ。解答番号は　11　。

① 岩石中に占める無色鉱物の割合(体積 %)

② 岩石中に占める有色鉱物の割合(体積 %)

③ 岩石中に占めるケイ酸塩鉱物の割合(体積 %)

④ 岩石中に占める造岩鉱物の割合(体積 %)

問 4　図1の色指数の値と表1から，色指数と化学組成の関係を述べた文として誤っているものを，次の①〜④のうちから一つ選べ。解答番号は　12　。

① 色指数が大きいほどカルシウム(Ca)が多い。

② 色指数が大きいほどカリウム(K)が多い。

③ 色指数が大きいほど鉄(Fe)が多い。

④ 色指数が大きいほどマグネシウム(Mg)が多い。

4　離れた地層の新旧関係に関する問1〜問4に答えよ。

　図1は，離れた4つの地点の柱状図である。柱状図は，地層の重なり方を表した図で，各地層の厚さ，種類，特徴や，化石が含まれていればその種類や名前が記されている。このように離れた地点に露出した地層を調べ，それらが同じ時代に形成された地層かどうかを決めることを　ア　という。　ア　を行う場合，特定の時代しか産出しない化石が見つかれば，離れた地点の地層の新旧関係を明らかにすることができる。

　以下は，各地点の柱状図を説明したものである。また，地殻変動などによる地層の逆転は確認されていないとする。

　　　柱状図Ⅰ：砂岩にはイノセラムスが見られた。

　　　柱状図Ⅱ：不整合面Xの上位の砂岩にビカリアが見られ，不整合面Xの下位の石灰岩には
　　　　　　　　フズリナが見られた。

　　　柱状図Ⅲ：凝灰岩bの上位と下位の砂岩にはビカリアが見られた。

　　　柱状図Ⅳ：不整合面Yの上位の石灰岩にフズリナが見られ，不整合面Yの下位の砂岩に
　　　　　　　　は，クックソニアが見られた。

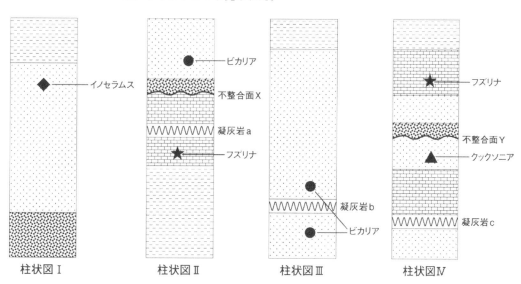

図1　各地点の柱状図

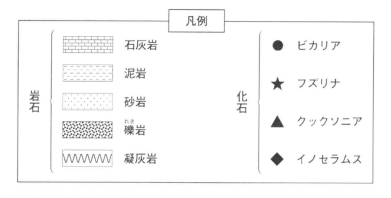

問 1　文中の ア に当てはまる用語として最も適当なものを，次の①～④のうちから一つ選べ。解答番号は 13 。

① 地層の累重

② 地層の侵食

③ 地層の堆積

④ 地層の対比

問 2　柱状図Ⅰの砂岩から，イノセラムスの化石が産出した。この砂岩から産出する可能性のある化石の組合せとして最も適当なものを，次の①～④のうちから一つ選べ。
解答番号は 14 。

① アンモナイト，デスモスチルス

② アンモナイト，トリゴニア

③ トリゴニア，三葉虫

④ 三葉虫，デスモスチルス

問 3　上下の地層の堆積には時間的な隔たりがある場合がある。柱状図Ⅱにおいて，不整合面Ⅹの形成に伴い，欠落している時代がいくつか推定できる。欠落している時代として**誤っている**ものを，次の①～④のうちから一つ選べ。解答番号は 15 。

① カンブリア紀

② 三畳紀

③ 白亜紀

④ 古第三紀

問 4　各地点の柱状図を比較して総合的にまとめたとき，凝灰岩ａ，凝灰岩ｂ，凝灰岩ｃを古い順番に並べた組合せとして最も適当なものを，次の①～④のうちから一つ選べ。
解答番号は 16 。

① 凝灰岩ｂ　→　凝灰岩ｃ　→　凝灰岩ａ

② 凝灰岩ｂ　→　凝灰岩ａ　→　凝灰岩ｃ

③ 凝灰岩ｃ　→　凝灰岩ａ　→　凝灰岩ｂ

④ 凝灰岩ｃ　→　凝灰岩ｂ　→　凝灰岩ａ

5 大気大循環と水蒸気の移動に関する**問１〜問４**に答えよ。

　地球全体で見ると，降水量と蒸発量は等しく，大気中の水蒸気量はほぼ一定に保たれている。しかし，図１に示されているように，緯度ごとの降水量と蒸発量がつり合っていない。緯度20〜35°付近では，蒸発量が降水量を上回っており，海水が蒸発したことにより発生した水蒸気が大気中へと供給されている。大気中へ供給された水蒸気は，大気大循環により高緯度側と低緯度側へと移動し，凝結して雲を形成する。このような蒸発と凝結を伴う水蒸気の移動により，熱も南北方向へと輸送されている。
(a)
(b)

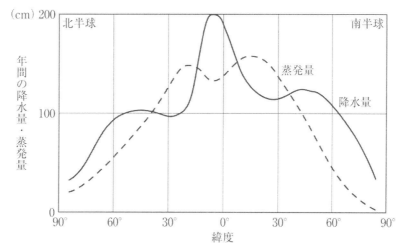

図１　緯度ごとの降水量と蒸発量

問１　下線部大気大循環により高緯度側と低緯度側へと移動しについて，緯度20〜35°付近から赤道へ水蒸気を輸送する地表付近の風として最も適当なものを，次の①〜④のうちから一つ選べ。解答番号は　17　。
(a)

① 貿易風

② 偏西風

③ 極偏東風

④ 海陸風

問２　図１において，緯度40〜60°付近で降水量が多くなる理由として最も適当なものを，次の①〜④のうちから一つ選べ。解答番号は　18　。

① 暖かい空気と冷たい空気が接することで，低気圧が発達するから

② 湿った空気と乾いた空気が接することで，低気圧が発達するから

③ 大陸が放射冷却により冷えることで，低気圧が発達するから

④ 海水温が低緯度の海水温よりも低くなることで，低気圧が発達するから

問３　図１の降水量から蒸発量を引いた値は，緯度ごとの大気に含まれる水蒸気量を表している。緯度ごとの降水量から蒸発量を引いた値を表したグラフとして最も適当なものを，次の①〜④のうちから一つ選べ。解答番号は　19　。

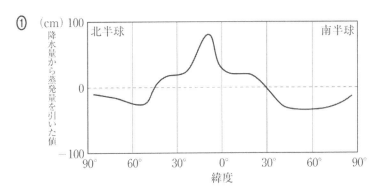

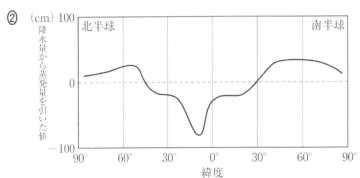

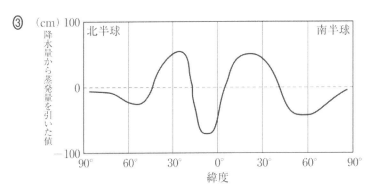

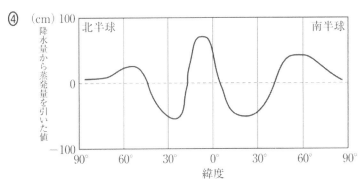

問 4 下線部熱も南北方向へと輸送されているについて，蒸発と凝結に伴う熱の移動に関する説
(b)
明として最も適当なものを，次の①～④のうちから一つ選べ。解答番号は 20 。

① 水蒸気が水になる時も，水が水蒸気になる時も周囲から熱を吸収する。

② 水蒸気が水になる時も，水が水蒸気になる時も周囲へ熱を放出する。

③ 水蒸気が水になる時は周囲から熱を吸収し，水が水蒸気になる時は周囲へ熱を放出す
る。

④ 水蒸気が水になる時は周囲へ熱を放出し，水が水蒸気になる時は周囲から熱を吸収す
る。

令和4年度 第2回

解答・解説

令和４年度　第２回　高卒認定試験

【　解　答　】

1	解答番号	正答	配点	2	解答番号	正答	配点	3	解答番号	正答	配点	4	解答番号	正答	配点	5	解答番号	正答	配点
問1	1	③	5	問1	5	①	5	問1	9	③	5	問1	13	④	5	問1	17	①	5
問2	2	①	5	問2	6	③	5	問2	10	③	5	問2	14	②	5	問2	18	①	5
問3	3	④	5	問3	7	④	5	問3	11	②	5	問3	15	①	5	問3	19	④	5
問4	4	②	5	問4	8	②	5	問4	12	②	5	問4	16	③	5	問4	20	④	5

【　解　説　】

1

問1　太陽からはＸ線から電波まで幅広い波長の電磁波が放出されていますが、最も強く放射されているのは可視光線です。そもそも問題文に「肉眼で見ている太陽の光は」とありますから解答は一択です。可視光線以外の電磁波は、私たちの目には見えません。したがって、正解は③となります。

解答番号【1】：③　　⇒ **重要度A**

問2　図２の模様は太陽の光球面全体を覆っているもので、粒状斑と呼ばれます。したがって、正解は①となります。粒状斑の正体は太陽の中心部から湧き上がるガスの塊で、常に変化しています。②の紅炎（プロミネンス）は太陽表面から立ち昇るガスの流れのことです。③の黒点は太陽表面に見られる黒い不定形の模様で、周囲より温度が低い領域です。図１の中央付近に見られる模様が黒点です。④の白斑は太陽の周縁部に見られる明るい模様で、黒点とは逆に周囲より温度が高い領域です。

解答番号【2】：①　　⇒ **重要度B**

問3　彩層の外側に広がり、皆既日食時に地上から肉眼で観察できる太陽の高層大気はコロナと呼ばれます。その温度は100万Ｋ以上です。したがって、正解は④となります。フレアは彩層で発生する爆発現象のことで、その温度は1000万Ｋにも達します。

解答番号【3】：④　　⇒ **重要度A**

問4　天体の見かけの大きさは距離に反比例します。すなわち、距離が10倍遠ざかると、見かけの大きさが10分の1になります。地球から太陽までの距離が地球から月までの距離の400倍ということは、太陽の直径は月の400倍ということになります。月の直径が地球の4分の1ですから、太陽の直径は地球の $400 × 1/4 = 100$ 倍となります。したがって、正解は②となります。

解答番号【4】：②　　⇒ **重要度C**

2

問1　地球内部を構成する3つの層のうち、地殻は花こう岩（大陸地殻）と玄武岩（海洋地殻）から、マントルはカンラン岩から、核は鉄とニッケルの合金からできています。したがって、正解は①となります。なお、核は液体の外核と固体の内核に分けられます。

解答番号【5】：①　　⇒ **重要度A**

問2　人類が掘った深さの地球の半径に対する割合は、$12 \div 6400 \times 100 = 0.1875 \fallingdotseq 0.2$ ％です。大陸地殻の厚みは $30 \sim 40$ km ですから、したがって、正解は③となります。なお、海洋地殻は厚みが $6 \sim 8$ km しかないため、海洋地殻であれば掘削してマントルに到達することが技術的に可能で、日本の地球深部探査船「ちきゅう」は海洋底を掘削してマントルに到達しマントル物質の採取を目標としています。

解答番号【6】：③　　⇒ **重要度A**

問3　アセノスフェアとリソスフェアのうち、プレートに相当するのはリソスフェアで、比較的温度が低くかたいです。したがって、正解は④となります。リソスフェアは厚みが約100 km で、海嶺周辺では温度が高くて薄く、時間が経って海嶺から遠ざかると冷えつつ厚みが増していきます。

解答番号【7】：④　　⇒ **重要度B**

問4　核からの上昇流であるプルーム（図1中の「ア」）は、地表に達するとプレートの発散境界である海嶺や火山が出現するホットスポットになります。したがって、正解は②となります。①の海溝はプレートの収束境界のうち沈み込み帯に生じる地形、④のカルスト台地は石灰岩からなる台地が雨水等で浸食を受けた地形で、プレート運動とは無関係です。

解答番号【8】：②　　⇒ **重要度B**

3

問1　等粒状組織をもつことから、その火成岩は深成岩です。そして、輝石、角閃石、斜長石を含む深成岩は図1から閃緑岩であることがわかります。したがって、正解は③となります。①の玄武岩と②の安山岩は火成岩のうち火山岩で、④の花こう岩は深成岩ではありますが輝石を含みません。

解答番号【9】：③　　⇒ **重要度A**

問2　玄武岩／斑れい岩と安山岩／閃緑岩の含有 SiO_2 の質量％の境界は52 ％、安山岩／閃緑岩とデイサイト・流紋岩／花こう岩の含有 SiO_2 の質量％の境界は66 ％です。したがって、正解は③となります。この値は基本事項ですので、しっかり覚えておいてください。

解答番号【10】：③　　⇒ **重要度A**

問3　図1から、SiO_2 の量が多ければ色指数は小さく白っぽくなり、SiO_2 の量が少なければ色指数は大きく黒っぽくなることがわかります。したがって、正解は②となります。①の岩石中に占める無色鉱物の割合だとすると、色指数が大きくなると色は白っぽくなる

はずです。③のケイ酸塩鉱物の割合も多くなると白っぽくなります。④について、岩石
は基本的に造岩鉱物からできていますので、「岩石中に占める造岩鉱物の割合」というの
は、この表現自体が成り立ちません。

解答番号【11】：②　⇒ **重要度B**

問４　誤っているものを選びます。図１より色指数は花こう岩、閃緑岩、斑れい岩の順に大
きくなることがわかります。一方、表１より花こう岩、閃緑岩、斑れい岩の順にK_2O（酸
化カリウム）、すなわちカリウムの量が少なくなることがわかります。したがって、正解
は②となります。①のカルシウムや③の鉄、④のマグネシウムは、表１より花こう岩、
閃緑岩、斑れい岩の順に、すなわち色指数が大きくなるにつれて量が多くなることがわ
かります。

解答番号【12】：②　⇒ **重要度C**

4

問１　地層が同じ時代に形成されたかどうかを決めることを地層の対比といいます。したがっ
て、正解は④となります。①の地層の累重という言葉はありません。「重なり合う２つの
地層は、下にある地層のほうが、上の地層よりも古いこと」を地層累重の法則といいます。
②の地層の侵食は、地層が水流や風などで削られること、③の地層の堆積はまさに砕石
物が積もって地層が形成されることをいいます。

解答番号【13】：④　⇒ **重要度A**

問２　イノセラムスは中生代の示準化石です。選択肢に挙げられた化石のうち、アンモナイ
トとトリゴニアが中生代の生物化石です。したがって、正解は②となります。①や④の
デスモスチルスは新生代の哺乳類、③や④の三葉虫は古生代の節足動物です。

解答番号【14】：②　⇒ **重要度B**

問３　誤っているものを選びます。問題文や図１の柱状図Ⅱより、不整合面Ｘの上の層から
ビカリアが、下の層からフズリナの化石が産出したことがわかります。ビカリアは新生
代の古第三紀から新第三紀にかけて、フズリナは古生代の石炭紀からペルム紀にかけて
生息していた生物です。したがって、正解は①となります。カンブリア紀は古生代最初
の紀で石炭紀より前になります。②の三畳紀と③の白亜紀は中生代の紀です。

解答番号【15】：①　⇒ **重要度A**

問４　上下の層に産出する化石から、凝灰岩aは古生代の石炭紀かペルム紀、またはその次
の紀である中生代三畳紀に、凝灰岩bは第三紀に、凝灰岩cは古生代シルル紀以前に（クッ
クソニアは古生代シルル紀〜デボン紀に生息）、それぞれ堆積したことがわかります。古
い順に並べるとc→a→bとなります。したがって、正解は③となります。

解答番号【16】：③　⇒ **重要度B**

5

問1　緯度 20 ～ 35° 付近で吹く東から西に向かって吹く風は貿易風です。したがって、正解は①となります。②の偏西風は北緯 35 ～ 60° 付近で西から東に向かって吹く風のこと、③の極偏東風は北極や南極付近で東から西に向かって吹く風のことです。④の海陸風は、昼は海から陸へ、夜は陸から海へと風向が変化する風のことで、①～③と違い局地的な風です。

解答番号【17】：①　　⇒ ■重要度A

問2　緯度 40 ～ 60° 付近で発達する低気圧は温帯低気圧と呼ばれ、暖気と寒気が接触し、軽い暖気が上方へ、重い寒気が下方へと移動するときに位置エネルギーを開放して発達します。したがって、正解は①となります。

解答番号【18】：①　　⇒ ■重要度A

問3　実際に図1のグラフから大まかに緯度ごとの降水量－蒸発量の値を求めてみればわかりますが、最も簡単なのは南緯 30° における降水量と蒸発量の差です。図1のグラフより南緯 30° では降水量よりも蒸発量のほうが多く、降水量－蒸発量の値が負であることがわかります。選択肢のグラフを見ると、①と②は南緯 30° の降水量－蒸発量の値が0、③は降水量－蒸発量の値が正になっています。したがって、正解は④となります。

解答番号【19】：④　　⇒ ■重要度C

問4　水蒸気（気体）が水（液体）になることを凝結といい、これは発熱反応です。一方、水（液体）が水蒸気（気体）になることを蒸発といい、これは吸熱反応です（このときの熱を潜熱といいます）。したがって、正解は④となります。

解答番号【20】：④　　⇒ ■重要度B

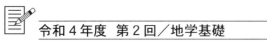

令和４年度 第１回
高卒認定試験

地学基礎

解答時間　50 分

地 学 基 礎

$$\left(解答番号 \boxed{1} \sim \boxed{20}\right)$$

1 銀河系とその構造に関する**問1〜問4**に答えよ。

　晴れた日に夜空を見上げると、帯状の天の川(**図1**灰色の部分)を観察することができる。これ(a)は、太陽を含む約 $\boxed{A}$ 個の恒星の集まりである銀河系の構造と関係が深い。天の川が観察できる方向は、その周囲より多数の恒星が重なって見えるため、明るく光って見えている。

　図1は、夏季における東京の夜空を示している。「いて座」の方向の天の川は、少し川幅が広がっているように見える。また、実際の夜空を眺めると他の部分よりもこの方向の天の川は明るい。これは銀河系の $\boxed{B}$ 部を見ているためである。北半球では、夏に「いて座」の方向の天の川が見えるため、よりはっきりとその存在を確認することができる。また、夏の夜空にはペルセウス座流星群も見え、たびたび美しい天体ショーとなる。(b)

　図2には、夏の天の川の様子を示す。天の川の中には星間物質が密集し、背後の恒星の光をさえぎっている領域がある。(c)

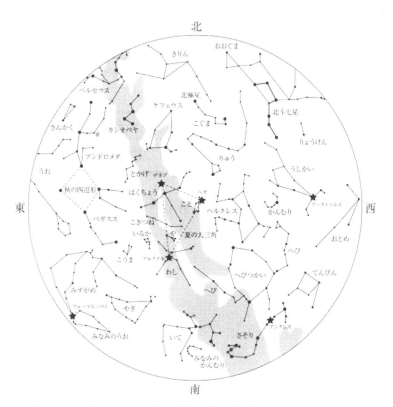

図1　8月中旬21時における東京の夜空の模式図(国立天文台のwebサイトより)

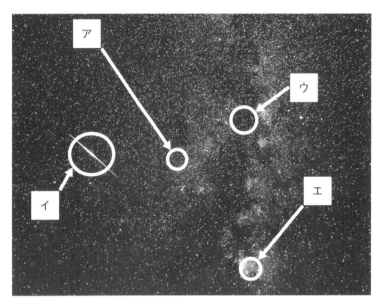

図2　夏の天の川（NASA の web サイトより作成）

問1　文中の　A　と　B　にあてはまる語句の組合せとして最も適当なものを，次の①～④
のうちから一つ選べ。解答番号は　1　。

	A	B
①	1000 億～ 2000 億	中心
②	1 億～ 2 億	中心
③	1000 億～ 2000 億	周縁
④	1 億～ 2 億	周縁

問2　下線部帯状の天の川（図1灰色の部分）を観察することができるについて，天の川が帯状に
(a)
観察できることと関係が深い銀河系の構造として最も適当なものを，次の①～④のうちから
一つ選べ。解答番号は　2　。

①　銀河系には，ハローと呼ばれる球殻状の領域があり，その内部にはいくつもの星団が存
在している。

②　銀河系には，恒星が特に多く存在する円盤部と呼ばれる領域が存在している。

③　銀河系の中心には，ブラックホールが存在している可能性がある。

④　銀河系内の恒星は，その多くが数十～数百万個の恒星の集まりである星団を作って存在
している。

問 3　光は遠い場所で発生したものほど長い時間をかけて地表に到達する。下線部ペルセウス座
流星群に関して，流星の光が発生してから地表に届くまでの時間に最も近いものを，次の
(b)
①~④のうちから一つ選べ。解答番号は　　3　　。

①　ペルセウス座を構成する恒星からの光が地表に届くまでの時間

②　銀河系の中心付近からの光が地表に届くまでの時間

③　太陽からの光が地表に届くまでの時間

④　上空に打ち上げた花火からの光が地表に届くまでの時間

問 4　下線部星間物質が密集し，背後の恒星の光をさえぎっている領域について，図2の中でこ
(c)
の部分として最も適当なものを，次の①~④のうちから一つ選べ。解答番号は　　4　　。

①　ア

②　イ

③　ウ

④　エ

2 太陽系の特徴やその形成に関する問1～問4に答えよ。

太陽系にはいくつかの特徴があるが，次の**特徴A～C**に示される3つについて着目した。これらの特徴は，太陽系がどのようにして形成されたかを考える上で重要な情報となっている。

特徴A 太陽の自転方向と惑星の公転方向が ☐X☐ である。

特徴B 惑星がほぼ同一平面上を公転する。

特徴C 惑星が地球型惑星，木星型惑星の2つのグループに分かれる。

問1 **特徴A**に関して，各惑星の自転や公転の特徴について，地球のそれと比較して述べた文として誤っているものを，次の①～④のうちから一つ選べ。解答番号は ☐5☐ 。

① 水星の自転周期は短いため，昼と夜がそれぞれ数十日以上続く。

② 金星の自転の向きは逆である。

③ 火星の公転周期は外側の軌道を回っているので長い。

④ 木星の自転周期は短く，赤道方向に膨らんだ回転楕円体である。

問2 **特徴A**の ☐X☐ にあてはまる語句と太陽系がどのように形成されたかの説明との組合せとして最も適当なものを，次の①～④のうちから一つ選べ。解答番号は ☐6☐ 。

	X	太陽系がどのように形成されたか
①	同じ	渦を巻く星雲から太陽が作られた後，別の星雲で作られていた各惑星が太陽に近づき，太陽の周りを公転し始めた。
②	逆	渦を巻く星雲から太陽が作られた後，別の星雲で作られていた各惑星が太陽に近づき，太陽の周りを公転し始めた。
③	同じ	渦を巻く星雲から太陽が作られ，同じ星雲から各惑星も作られ，太陽の周りを公転し始めた。
④	逆	渦を巻く星雲から太陽が作られ，同じ星雲から各惑星も作られ，太陽の周りを公転し始めた。

令和4年度第1回試験

問 3　**特徴 B**に関して，公転周期が 300 年の太陽系外縁天体 P を考える。図 1 は，天体 P と地球の公転軌道の様子を模式的に示したもので，公転軌道面は一致している。天体 P を地球から観測したときの結果として最も適当なものを，下の①～④のうちから一つ選べ。ただし，観測は夜間に行うものとする。解答番号は　7　。

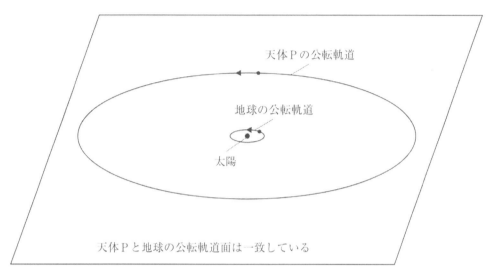

図 1　天体 P と地球の公転軌道の様子

①　約 150 年間は地球上のどの地点でも観測できるが，次の約 150 年間は観測できない。

②　300 年間，地球上のどの地点でも季節に関係なく 1 年中観測できる。

③　300 年間，地球の北半球では観測できるが，南半球では観測できない。

④　観測を始めた年に北半球の夏に観測できるとすると，約 150 年後には北半球の冬に観測することができる。

問 4　**特徴 C**に関して，太陽系の惑星を地球型惑星と木星型惑星の 2 つに分類すると，それぞれのグループに共通する特徴がいくつかある。その特徴の一つとして最も適当なものを，次の①～④のうちから一つ選べ。解答番号は　8　。

①　惑星の色

②　惑星の平均密度

③　惑星における水の有無

④　地球から見える惑星の明るさや時間帯

令和4年度第1回試験

3　造山運動に関する**問1～問4**に答えよ。

　　ヒマラヤ山脈についてのドキュメンタリー番組を見たⅠ君は，エベレスト山頂付近の地層で海の生物と考えられている三葉虫やウミユリの化石が見られることを知った。そこで，なぜ世界で一番高い山脈であるヒマラヤ山脈に海の生物の化石が見られるのか，ヒマラヤ山脈のでき方を調べてみることにした。以下はその結果である。

【調べてみて分かったこと】

・造山運動などの地殻変動は，プレートが動いているために起こるという考え方で説明がされている。**図1**のようにヒマラヤ山脈は4000万～5000万年前ごろにインド・オーストラリアプ
<u>レート上のインド亜大陸とユーラシアプレート上のユーラシア大陸が衝突した</u>ことによって形(a)
成された。

・ヒマラヤ山脈には造山運動によってつくられた地質構造（**図2**）が数多く見られる。

・かつてインド亜大陸とユーラシア大陸の間にあった海の堆積物が大陸の上にのり上げることにより，三葉虫やウミユリの化石を含む地層が陸上に上がり，その後も隆起を続けたことで<u>標高8000mを超える高さまで持ち上げられた</u>。(b)

・インド・オーストラリアプレートは現在も年間約5cm移動しており，ヒマラヤ山脈の隆起も年間数mm程度で今も続いている。

図1　インド亜大陸の衝突の様子
（JAMSTECのwebサイトより作成）

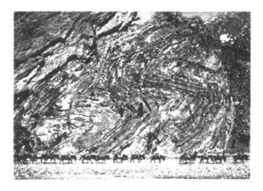

図2　造山運動によって地層が力を受けて大きく
　　　折れ曲がった構造

（http://www.museum.kyushu-u.ac.jp/publications/
special_exhibitions/PLANET/04/04-2.html より）

問 1　下線部インド・オーストラリアプレート上のインド亜大陸とユーラシアプレート上のユー
　　　ラシア大陸が衝突したについて，現在のヒマラヤ山脈付近のプレート境界の模式図として最
(a)
　　　も適当なものを，次の①～④のうちから一つ選べ。なお，矢印はプレートの移動方向を示し
　　　ている。解答番号は　9　。

①
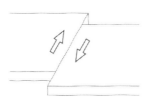

②

③
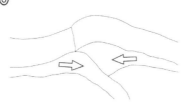

④
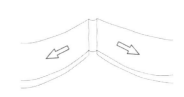

問 2　プレートの運動によってプレートの収束する境界付近で起こる現象として適当でないもの
　　　を，次の①～④のうちから一つ選べ。解答番号は　10　。
　　　① 地震
　　　② 津波
　　　③ 火山活動
　　　④ 台風

問 3　図2のような造山運動によって地層が力を受けて大きく折れ曲がった構造の名称として最
　　　も適当なものを，次の①～④のうちから一つ選べ。解答番号は　11　。
　　　① 断層
　　　② 褶曲
　　　③ 級化
　　　④ 漣痕

問 4　下線部標高8000 m を超える高さまで持ち上げられた_(b)について，ヒマラヤ山脈は隆起を続けているが，同時に侵食を受けて削られ今の姿になっている。2つの大陸衝突直後の4000万年前のエベレスト山頂の標高が800 m であったと仮定し，現在のエベレスト山頂の標高を8800 m とする。衝突当初から隆起量を年間2.0 mm で一定としたとき，衝突当初から現在までの平均侵食量は何 mm/年になるか。最も適当なものを，次の①～④のうちから一つ選べ。解答番号は　12　。

①　0.12 mm/年

②　0.18 mm/年

③　1.2 mm/年

④　1.8 mm/年

4 地層の観察に関する**問1～問4**に答えよ。

次の**図1**は，M高校地学部が調査したある地域の地質断面図である。図中の層群**A**を構成する地層**ア**と**イ**は砕屑岩からなり，地層**ウ**を観察すると，主にサンゴやその破片から構成されていた。層群**A**（地層**ア，イ，ウ**）の花こう岩と接する部分は変成作用を受けており，地層**ウは結晶の粒の粗い岩石に変化**していることが分かった。なお，複数の地層のまとまりを層群とする。
(a)

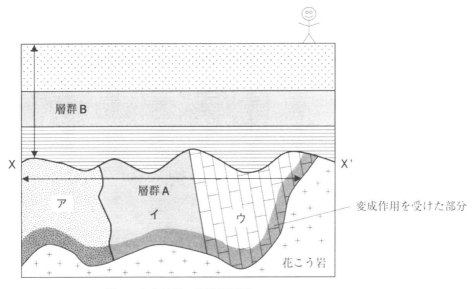

図1 ある地域の地質断面図

問1 下線部地層**ウは結晶の粒の粗い岩石に変化**している部分は何という岩石になっているか。
(a)
最も適当なものを，次の①～④のうちから一つ選べ。解答番号は 13 。

① ホルンフェルス

② 結晶質石灰岩（大理石）

③ 片麻岩

④ 結晶片岩

問2 下線部地層**ウは結晶の粒の粗い岩石に変化**について，そのように変化した主な原因として
(a)
最も適当なものを，次の①～④のうちから一つ選べ。解答番号は 14 。

① マグマの熱により，周囲より温度が高くなった。

② マグマによって加えられる力により，周囲より圧力が高くなった。

③ マグマの熱により，周囲より風化しやすくなった。

④ マグマが貫入したことで，周囲の岩石もマグマと同じ化学組成となった。

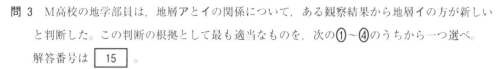

問3 M高校の地学部員は，地層アとイの関係について，ある観察結果から地層イの方が新しいと判断した。この判断の根拠として最も適当なものを，次の①〜④のうちから一つ選べ。解答番号は　15　。

① 地層アの方が，地層イよりも固く侵食を受けにくい岩石であった。

② 地層イの方が，地層アよりも固く侵食を受けにくい岩石であった。

③ 地層イの中に地層アが侵食されてできたと思われる礫が含まれていた。

④ 地層アの中に地層イが侵食されてできたと思われる礫が含まれていた。

問4 図1の地質断面図について，層群Aが堆積した後の出来事を古い順に並べたものとして最も適当なものを，次の①〜④のうちから一つ選べ。解答番号は　16　。

① マグマが層群Aに貫入した。　→　境界面X−X'ができた。　→　層群Bが堆積した。

② 層群Bが堆積した。　→　マグマが層群Aに貫入した。　→　境界面X−X'ができた。

③ 層群Bが堆積した。　→　境界面X−X'ができた。→　マグマが層群Aに貫入した。

④ 境界面X−X'ができた。　→　層群Bが堆積した。　→　マグマが層群Aに貫入した。

5 大気圏の構造に関する**問1～問4**に答えよ。

　地球を取り巻く大気が広がっている範囲を大気圏という。地球の大気を構成している窒素や酸素，その他の気体の割合は，地表から高度約80kmまではほぼ一定であるが，水蒸気は場所や時間，季節などで大きく変化している。

　図1は，大気圏の気温の鉛直分布を示したものである。大気圏は，図1のような気温の変化をもとに，A～D層の4つに区分されている。A層とC層では上空ほど気温が下降し，B層とD層では上空ほど気温が上昇している。

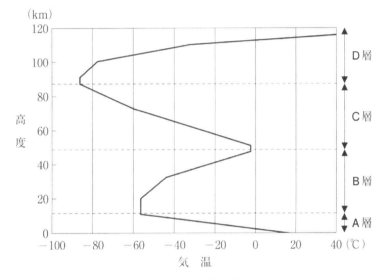

図1　大気圏の気温の鉛直分布

問 1　下線部地球の大気を構成している窒素や酸素，その他の気体の割合は，地表から高度約
　　　80 km まではほぼ一定であるについて，水蒸気を除いた大気の組成において，窒素，酸素，
　　　その他の気体の体積比を示したグラフとして最も適当なものを，次の①〜④のうちから一つ
　　　選べ。解答番号は　17　。

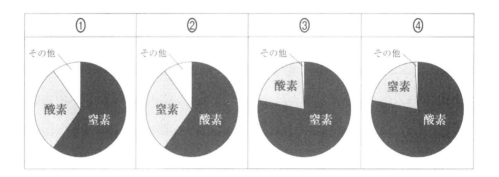

問 2　下線部地球の大気を構成している窒素や酸素，その他の気体の割合は，地表から高度約
　　　80 km まではほぼ一定であるについて，その他の気体のうち，窒素や酸素に続いて体積比の
　　　割合が多いものの組合せとして最も適当なものを，次の①〜④のうちから一つ選べ。
　　　解答番号は　18　。

① アルゴン，二酸化炭素

② 二酸化炭素，メタン

③ メタン，フロン

④ アルゴン，フロン

問 3　図１のB層とC層の名称の組合せとして最も適当なものを，次の①〜④のうちから一つ選
　　　べ。解答番号は　19　。

	B層	C層
①	成層圏	熱圏
②	成層圏	中間圏
③	対流圏	熱圏
④	対流圏	中間圏

問 4 　A～D層について述べた文のうち最も適当なものを，次の①～④のうちから一つ選べ。

解答番号は　20　。

①　A層では，上空ほど気温は低下するが，気圧はほぼ変わらない。

②　積乱雲のような激しい上昇気流による雲は，B層とC層の境界面のあたりまで発達する。

③　上空ほど気温が下がる平均的な割合は，A層とC層ではC層のほうが大きい。

④　高緯度地域のD層では，オーロラが見られることがある。

令和4年度 第1回

解答・解説

【重要度の表記】

Ａ：重要度が高く確実に正答したい設問。しっかり
　　復習する必要のある問題です。

Ｂ：重要度はＡレベルよりすこし下で、やや難易度
　　が高い設問または内容を読み取る設問。高得点
　　を狙う人は復習しましょう！

Ｃ：重要度が低い、または難解な設問。軽く復習す
　　る程度でよいでしょう！

令和４年度　第１回　高卒認定試験

【　解　答　】

1	解答番号	正答	配点	2	解答番号	正答	配点	3	解答番号	正答	配点	4	解答番号	正答	配点	5	解答番号	正答	配点
問1	1	①	5	問1	5	①	5	問1	9	③	5	問1	13	②	5	問1	17	③	5
問2	2	②	5	問2	6	③	5	問2	10	④	5	問2	14	①	5	問2	18	①	5
問3	3	④	5	問3	7	④	5	問3	11	②	5	問3	15	③	5	問3	19	②	5
問4	4	③	5	問4	8	②	5	問4	12	④	5	問4	16	①	5	問4	20	④	5

【　解　説　】

1

問1　銀河系（天の川銀河とも呼ばれます）は、約1000億～2000億個もの恒星の大集団です。真上から見ると渦を巻いた円盤状をしていて、真横から見ると中心部が膨らんでいます。中心方向は夏の星座であるいて座の方向にあります。したがって、正解は①となります。銀河の中には1億～2億個の恒星からなるものもあり、矮小銀河と呼ばれます。天の川銀河のまわりには十数個の矮小銀河が見つかっています。

解答番号【1】：①　　⇒ 重要度A

問2　銀河系の形は、中心部がやや膨らんだ円盤状です。私たちが暮らす地球、ひいては地球を含む太陽系は銀河系の円盤部の端のほうに位置しています。そのため、円盤の方向を見ると帯状に星が密集して見えるというわけです。したがって、正解は②となります。①と③は、文としては誤りではありませんが、天の川が帯状に見える理由とは関係がありません。④は文そのものが間違っています。

解答番号【2】：②　　⇒ 重要度A

問3　流星は、太陽系内を公転している粒径が1 mmにも満たない小さな砂粒（塵）が地球の大気圏に高速で突入し発光する現象です。発光している高度はおよそ100 km程度です。そのため流星の光が発生してから、ほぼ一瞬で地表まで届きます。したがって、正解は④となります。

解答番号【3】：④　　⇒ 重要度C

問4　星間物質が密集し、背後の恒星の光をさえぎっている領域を暗黒星雲といいます。図2の写真の中で暗黒星雲に相当するのは「ウ」です。したがって、正解は③となります。なお、「イ」はおそらく流星です。

解答番号【4】：③　　⇒ 重要度B

2

問1 誤っているものを選びます。水星の公転周期は約88日で、地球よりも格段に短いです。したがって、正解は①となります。②～④に誤りはありません。金星は地球とは反対向きに自転していて、その周期は約243日です。火星は地球のすぐ外側を公転する惑星で、公転周期は約687日です。木星の自転周期は約9.5時間で、そのため強い遠心力が発生し、赤道方向に膨らんでいます。

解答番号【5】：①　　⇒ **重要度A**

問2 太陽は、収縮をしながら回転するガスの円盤（星雲）からつくられ、太陽系の惑星は、同じガスの円盤（原始太陽系円盤）の中でつくられました。そのため、太陽の自転方向と惑星の公転方向は同じで、すべて同じ向きに公転しています。したがって、正解は③となります。

解答番号【6】：③　　⇒ **重要度B**

問3 天体Pの公転軌道面と地球の公転軌道面が一致しているということは、天体Pは、地球からは黄道上を運動していくように見えます。黄道は天の赤道と23.4度の角度で交差していますから、天体Pは、約150年間は北半球側に、次の約150年間は南半球側に位置することになります。このことから、①～③は誤りであることがわかります。たとえば、地球上のどの地点でも観測できるのは天体Pが春分点と秋分点に位置しているときだけであり、地球上のどの地点でも1年中観測できる空の領域はそもそも存在しません。したがって、正解は④となります。観測を始めた年の約150年後には、天体Pは公転軌道を半周したことになり、観測できるようになるのは逆の季節になります。

解答番号【7】：④　　⇒ **重要度B**

問4 地球型惑星は岩石惑星とも呼ばれ、主に金属鉄やケイ酸塩鉱物からできています。一方、木星型惑星は巨大ガス惑星とも呼ばれ、中心部に岩石や金属でできた核はあるものの、大部分が水素やヘリウムといったガスからできています。したがって、正解は②となります。①の惑星の色は、表面にある物質や大気の成分に左右されます。たとえば、同じ地球型惑星でも地球は表面に海があるために青く見え、火星は酸化鉄を主成分とする砂に覆われているため赤茶けて見えます。③の惑星における水の有無は、さまざまな要因が絡み合って決まりますが、最も重要な要素は太陽からの距離です。太陽に近過ぎると水は蒸発してしまいますし、太陽から遠すぎると水はすべて凍り付いてしまいます。液体の水が存在する惑星は地球と、おそらく火星です。④の地球から見える惑星の明るさや時間帯は、地球との距離や位置関係で決まります。たとえば、地球より太陽に近い軌道を公転している水星と金星は夕方や明け方にしか見えません。

解答番号【8】：②　　⇒ **重要度A**

3

問1　ヒマラヤ山脈は、どちらも大陸プレートであるインド・オーストラリアプレートとユーラシアプレートが収束する境界で、両者の衝突によってつくられました。したがって、正解は③となります。①はプレートどうしがすれ違う境界、④はプレートが拡大（発散）していく境界（海嶺）です。②は大陸プレート（左）と海洋プレート（右）の収束境界で、密度が小さい海洋プレートが大陸プレートに沈み込んでいます。そこでは山脈のほか、海溝と呼ばれる谷状地形がつくられます。

　　　解答番号【9】：③　　　⇒ 重要度A

問2　適当でないものを選びます。プレートの収束境界では、プレートどうしの衝突や沈み込みによって岩盤に大きな力が加わり、しばしば地震が発生します。とくに大陸プレートの下に海洋プレートが沈み込むタイプの収束境界の場合、地震によって津波が発生します。また、プレートがもう一方のプレートの下に沈み込むことによって地下深部で岩石が溶融しマグマが発生するため、火山の噴火も起こります。したがって、正解は④となります。台風は気象現象であり、その発生は海水温や大気の運動に左右されるため、プレート境界とは無関係です。

　　　解答番号【10】：④　　　⇒ 重要度A

問3　地層に大きな力が加わったことでできる、地層の折れ曲がり構造を褶曲といいます。したがって、正解は②となります。①の断層は地層に力が加わったことで生じた地層のズレのことです。③の級化は水中で砕屑物が堆積することによって生じる、地層をつくる粒子の粒径の変化のことです。④の漣痕は水の流れや波風によって堆積物につくられた模様のことです。

　　　解答番号【11】：②　　　⇒ 重要度A

問4　4000万年前のエベレスト山頂の標高が800 m、衝突当初からの隆起量が2.0 mm/年で一定だとすると、4000万年間でエベレスト山頂は、4000万× 2.0 ＝ 8000万 mm ＝ 8万 m ほど増え、標高が8万800 mになっていなければなりません。しかし、現在のエベレスト山頂の標高を8800 mとすると、4000万年間で7万2000 mほど侵食されなければなりません。このことをふまえると、年の平均侵食量は7万2000万÷ 4000万＝ 0.0018 m/年＝ 1.8 mm/年となります。したがって、正解は④となります。

　　　解答番号【12】：④　　　⇒ 重要度B

4

問1　地層「ウ」をつくる岩石は、主にサンゴやその破片から構成されていることから、石灰岩であることがわかります。石灰岩が花こう岩のもとになったマグマと接触することで接触変成作用を受けると結晶質石灰岩（大理石）となります。したがって、正解は②となります。①のホルンフェルスは砂岩や泥岩といった比較的粒が細かい砕屑岩が接触変成作用を受けてできたものです。③の片麻岩は比較的高温の広域変成作用を受けた変成岩の総称で、④の結晶片岩は比較的低温で高圧の広域変成作用を受けた変成岩の総称です。

　　　解答番号【13】：②　　　⇒ 重要度A

問2　石灰岩が結晶質石灰岩（大理石）となった原因は高温のマグマに接したことで周囲より高温になったためです。したがって、正解は①となります。マグマによって圧力が高くなったり、岩石が風化しやすくなったり、岩石の化学組成が変化したりすることはありません。

　　　解答番号【14】：①　　⇒ 重要度Ｂ

問3　一方の地層が侵食されてできた礫がもう一方の地層に含まれる場合、後者のほうが後から堆積した砕屑物でできた地層であることがわかります。したがって、正解は③となります。地層の固さ、侵食の受けにくさは地層の新旧の判定には使えません。

　　　解答番号【15】：③　　⇒ 重要度Ａ

問4　層群Ａと層群Ｂの境界面Ｘ～Ｘ'は、その形から侵食を受けた不整合と判断することができます。ということは、層群Ｂが堆積する前に境界面Ｘ～Ｘ'ができたはずです。また、境界面Ｘ～Ｘ'のうち層群Ｂと花こう岩が接しているところは変成作用が起きていません。よって、マグマが層群Ａに貫入し冷えて花こう岩となった後に層群Ｂが堆積したことになります。したがって、正解は①となります。

　　　解答番号【16】：①　　⇒ 重要度Ａ

5

問1　高度約 80 km までの地球大気の組成は、窒素が約 78 ％、酸素が約 21 ％、その他が 1 ％ です。したがって、正解は③となります。

　　　解答番号【17】：③　　⇒ 重要度Ａ

問2　高度約 80 km までの地球大気を構成する窒素と酸素以外の気体は、アルゴン 0.9 ％、二酸化炭素 0.03 ％ と、両者が大部分を占めます。したがって、正解は①となります。メタンやフロンは非常にわずかにしか含まれていませんが、メタンは人間活動によって徐々に増えつつあります。フロンも人間活動によって増加した時期がありましたが、現在は削減が続いて減少傾向にあります。

　　　解答番号【18】：①　　⇒ 重要度Ａ

問3　地球大気は、地表付近から鉛直方向に「対流圏」「成層圏」「中間圏」「熱圏」と分類されています。つまり、図１中のＡ層が対流圏、Ｂ層が成層圏、Ｃ層が中間圏、Ｄ層が熱圏です。したがって、正解は②となります。

　　　解答番号【19】：②　　⇒ 重要度Ａ

問4　Ａ層（対流圏）は上空ほど気温が低下し、かつ気圧も下がっていきます。よって、①は誤りです。積乱雲などの激しい上昇気流によって成長する雲は、対流圏（Ａ層）と成層圏（Ｂ層）の境界面（これを対流圏界面といいます）付近まで発達することがありますが、成層圏より上に雲の最上部が達することはありません。よって、②も誤りです。Ａ層とＣ層の高さによる気温低下の割合は図１から読み取ることができます。Ａ層は高さがおよそ 10 km 上がったことで気温が 60 ℃ほど下がっています。よって、変化率は

6 ℃/km です。一方、C層は高さが 40 km 上がったことで気温が 80 ℃ほど下がっています。よって、変化率は 2 ℃/km です。つまり、③も誤りということになります。したがって、正解は④となります。オーロラの発生高度は地表から 100 km 以上の熱圏（D層）で、通常は高緯度地域でしかオーロラを見ることはできません。

解答番号【20】：④　　⇒ 重要度B

令和3年度 第2回
高卒認定試験

地学基礎

解答時間　50分

地 学 基 礎

$$\left(\text{解答番号}\boxed{1}\sim\boxed{20}\right)$$

1 宇宙の進化に関する**問1**〜**問4**に答えよ。

図1は宇宙の誕生から現在までの歴史を示した模式図である。宇宙は，今から約 $\boxed{ア}$ 年前に物質・空間・時間さえもない無の状態から突然誕生したと考えられている。誕生したばかりの宇宙は，極めて短時間に急激な膨張を起こし，超高温・超高密度の火の玉宇宙が形成された。これを $\boxed{イ}$ という。その後，宇宙空間は時間とともに膨張し，密度や温度が低下するとともに，今見ることができる様々なものがつくられてきた。宇宙誕生の $1/10^5$ 秒後には，水素の原子核である $\boxed{ウ}$ や中性子がつくられ，数分後にはそれらから $\boxed{エ}$ の原子核がつくられた。さらに，宇宙誕生の38万年後には温度が3000 Kまで低下し，原子がつくられた。

その後も宇宙は膨張とともに冷えていき，物質分布に差が生まれた。そして，宇宙誕生の数億年後には，密度が高くなったところで最初の恒星が生まれた。その後，銀河や銀河団が次々と形成され，現在の宇宙の大規模構造がつくられたと考えられている。

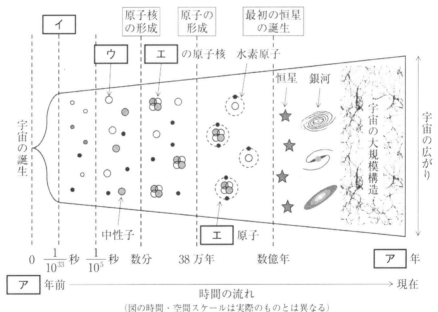

図1 宇宙の誕生から現在までの歴史を示した模式図

問1 文中の $\boxed{ア}$ にあてはまる数値として最も適当なものを，次の**①**〜**④**のうちから一つ選べ。解答番号は $\boxed{1}$ 。

① 20億

② 35億

③ 46億

④ 138億

問2　文中の　イ　に入る語句として最も適当なものを，次の①～④のうちから一つ選べ。
解答番号は　2　。

① フレア

② ビッグバン

③ ジャイアント・インパクト

④ プロミネンス

問3　文中の　ウ　と　エ　に入る語句の組合せとして最も適当なものを，次の①～④のうちから一つ選べ。解答番号は　3　。

	ウ	エ
①	電子	ヘリウム
②	電子	酸素
③	陽子	ヘリウム
④	陽子	酸素

問4　下線部恒星が生まれたについて，恒星は星間物質が周囲より密に分布する星間雲で生まれる。若い恒星が誕生しつつある星間雲として誤っているものを，次の①～④のうちから一つ選べ。解答番号は　4　。

① こと座環状星雲(惑星状星雲)

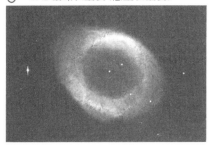

② オリオン大星雲(散光星雲)

③ オリオン座馬頭星雲(暗黒星雲)

④ バラ星雲(散光星雲)

(国立天文台の web サイトにより作成)

2　太陽系の天体に関する問1～問4に答えよ。

　　図1は2020年7月の朝方，日本のある場所で全天球を観測した模式図である。この図は円周が地平線に，中心が天頂(観測者の真上)に相当している。この日は水星と金星を東の方角に，木星と土星を西南西の地平線の近くに肉眼で見ることができた。さらに，望遠鏡を用いると天王星や海王星も観測することができた。この日以降観測を続けると火星は日に日に明るさを増していき，10月の初め頃には明るさは最大になり，一晩中観測することができた。

[a]

[b]

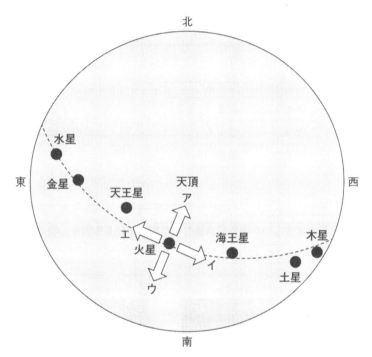

図1　2020年7月の朝方，日本のある場所で全天球を観測した模式図

(国立天文台のwebサイトにより作成)

問1　図1の1時間後に，火星はどちらの方向に動いたか。図1に示された火星の動いた方向を表す矢印として最も適当なものを，次の①～④のうちから一つ選べ。解答番号は　5　。

①　ア

②　イ

③　ウ

④　エ

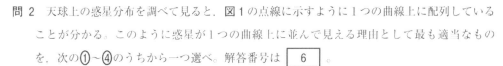

問2 天球上の惑星分布を調べて見ると，**図1**の点線に示すように1つの曲線上に配列していることが分かる。このように惑星が1つの曲線上に並んで見える理由として最も適当なものを，次の①～④のうちから一つ選べ。解答番号は　6　。

① 各惑星の自転周期がほぼ同じであるから。

② 各惑星の公転周期がほぼ同じであるから。

③ 各惑星の公転軌道面がほぼ同じであるから。

④ 各惑星の公転速度がほぼ同じであるから。

問3 下線部望遠鏡を用いると天王星や海王星も観測することができたについて，太陽系の範囲
　　　(a)
内で海王星軌道の外側の部分に存在するものとして最も適当なものを，次の①～④のうちから一つ選べ。解答番号は　7　。

① ハビタブルゾーン

② 太陽系外縁天体

③ 白色矮星

④ 小惑星帯

問4 下線部10月の初め頃には明るさは最大になり，一晩中観測することができたについて，
　　　(b)
このときの火星と地球の距離として最も適当なものを，次の①～④のうちから一つ選べ。ただし，太陽と火星の距離を1.5天文単位とする。解答番号は　8　。

① 0.5天文単位

② 1.0天文単位

③ 1.5天文単位

④ 2.0天文単位

3 火成岩の特徴や性質に関する問1〜問4に答えよ。

　地学部員のY君は，放課後，顧問の先生と共に地学室の整理を行った。火成岩と分類された標本棚の引き出しを開けるとラベルのない2つの岩石が見つかった。これらの岩石（火成岩AとB）を調べると観察1〜3のような特徴を示していた。

【観察1】

　火成岩A　細粒で白っぽく，色の濃淡による縞模様が見られた（図1）

　火成岩B　細粒でかなり濃い灰色がかった色をしていた（図2）

図1　火成岩A

図2　火成岩B

【観察2】

　岩石の密度を測ると，火成岩Aは2.50 g/cm³，火成岩Bは2.80 g/cm³であった。

【観察3】

　岩石の一部を切断し，それを岩石薄片にして偏光顕微鏡で観察したところ図3，4のような組織が観察できた。

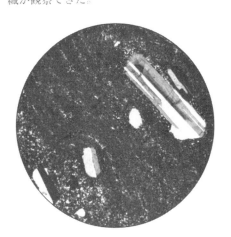

図3　火成岩Aの偏光顕微鏡写真

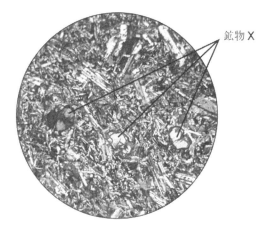

鉱物X

図4　火成岩Bの偏光顕微鏡写真

偏光顕微鏡写真の視野の直径は2 mm

問１　観察１～３の特徴から，火成岩 **A** の岩石名として最も適当なものを，次の①～④のうちから一つ選べ。解答番号は　9　。

① はんれい岩

② かんらん岩

③ 閃緑岩

④ 流紋岩

問２　岩石には様々な元素が含まれている。岩石の化学組成は，各元素の酸化物の形として表す。火成岩 **A** と **B** に最も多く含まれる化学成分として最も適当なものを，次の①～④のうちから一つ選べ。解答番号は　10　。

① Na_2O

② MgO

③ SiO_2

④ Al_2O_3

問３　火成岩 **B** を偏光顕微鏡で観察したところ（**図４**），大きくて目立つ有色鉱物は鉱物 **X** のみで，輝石は確認されなかったことから，火成岩 **B** は玄武岩であると考えられた。この考察の根拠となった岩石の組織名と鉱物 **X** の鉱物名の組合せとして最も適当なものを，次の①～④のうちから一つ選べ。解答番号は　11　。

	組織名	鉱物名
①	斑状組織	黒雲母
②	斑状組織	かんらん石
③	等粒状組織	黒雲母
④	等粒状組織	かんらん石

問４　岩石の密度を測定するときに，重さは 秤 で計測できるが，岩石は形が一定ではないため体積の測定には工夫が必要である。岩石の体積を測る方法として**誤っているもの**を，次の①～④のうちから一つ選べ。ただし，岩石は完全に水没しているものとする。解答番号は　12　。

① ビーカーに水を満杯にし，岩石を入れてこぼれた水の重さから体積が求まる。

② 水を十分に入れたビーカーを秤に乗せて重さを測る。次にビーカーの底に岩石を沈めた。このとき増えた重さから体積が求まる。

③ バネばかりに岩石をつるし，岩石の重さを測る。次にこのまま岩石をビーカーの水の中に入れ，底につけないようにして測ると重さが減少した。この差から体積が求まる。

④ 水を入れたメスシリンダーの底に岩石を沈め，水の体積の増加分の目盛りを読み取ることから体積が求まる。

4 地層に関する**問1**～**問4**に答えよ。

　図1はG君が地学の野外実習で観察した露頭のスケッチと堆積構造の写真である。露頭全体は柔らかい地層で，主に砂でできていた。ここでは，泥やれきを含んだ堆積構造アやイが見られた。特に堆積構造アは下層の縞模様が上層によって切断されていた。堆積構造イが見られる地層は，下部から上部に向かって粒径が小さくなっている砂層であり，泥層との互層になっていた。この地層は上の地層と違い大きく傾斜しており固かった。この砂層と泥層の互層の上には礫（れき）を含む水平な地層が見られ，ここを境界面ウとした。

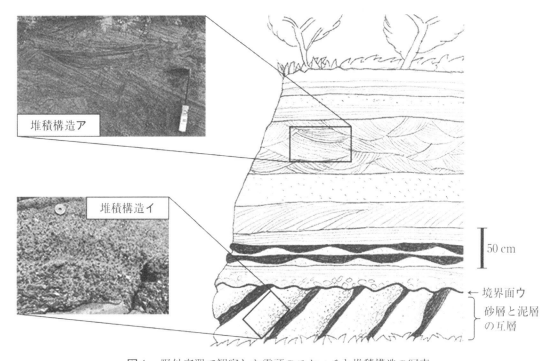

図1　野外実習で観察した露頭のスケッチと堆積構造の写真

問1　地層を観察する際に最も重要となる法則があり，それは「地層累重の法則」と呼ばれている。この法則を説明した文として最も適当なものを，次の①～④のうちから一つ選べ。解答番号は　13　。

① 地層は下から上に堆積していくため，地層の逆転がない場合は，新しい地層が上位に重なる。

② 堆積物は上に重なるものの重さで圧縮・脱水され，さらに粒子間に新しい鉱物ができ固結する。

③ 離れた地域の地層でも，化石や火山灰から，それらが同じ時代の地層であることが確かめられる。

④ 水流の強い場所では大きな粒子が堆積し，水流の弱いところでは小さな粒子が堆積する。

問2 図1の堆積構造アの名称と堆積構造イから確認できることがらの組合せとして最も適当なものを，次の①～④のうちから一つ選べ。解答番号は　14　。

	堆積構造ア	堆積構造イから確認できることがら
①	級化層理	水流の方向
②	級化層理	地層の上下方向
③	斜交葉理(クロスラミナ)	地層の上下方向
④	斜交葉理(クロスラミナ)	水流の方向

問3 図1の境界面ウは一度隆起した地層が侵食作用を受け，沈降した後，上部に地層が堆積した面である。そのため，下の地層と上の地層は堆積した時代に大きな隔たりがある。このような関係を何というか。最も適当なものを，次の①～④のうちから一つ選べ。
解答番号は　15　。

① 整合
② 不整合
③ 断層
④ 貫入

問4 境界面ウから下の砂層と泥層の互層は，地震や洪水時に大陸棚上から大陸斜面を海底谷に沿って砕屑物が水と混じって高速で流れ下り堆積することで形成される。この堆積物の名称とそれを形成した流れの名称の組合せとして最も適当なものを，次の①～④のうちから一つ選べ。解答番号は　16　。

	堆積物の名称	流れの名称
①	タービダイト	混濁流(乱泥流)
②	タービダイト	火砕流
③	チャート	混濁流(乱泥流)
④	チャート	火砕流

5 エルニーニョ現象に関する問1～問4に答えよ。

　図1は太平洋赤道域の表面海水温の変化である。図1のグラフはＡ，Ｂの海域において，海水温の平年との差を示したものである。これらによると図1のＡの海域である太平洋赤道域の東部で海水温が平年より高い状態が続く期間があり，エルニーニョ現象と呼ばれている。

　図2は太平洋赤道域の平年の状態を示した模式断面図である。エルニーニョ現象のときには，海上を吹く東寄りの風の変化も関係し，海洋表面の暖水の分布や雲の発生場所，深海からの冷水の上昇が変化する。

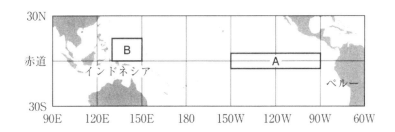

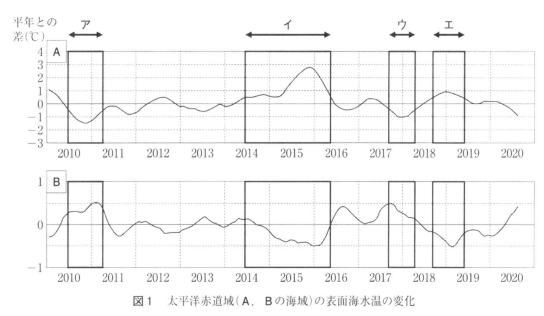

図1　太平洋赤道域（Ａ，Ｂの海域）の表面海水温の変化

（気象庁のwebサイトにより作成）

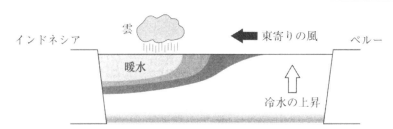

図２　太平洋赤道域の平年の状態を示した模式断面図

問１　図１のグラフにおいて，ア～エの期間のうち，エルニーニョ現象が発生している期間の組合せとして最も適当なものを，次の①～④のうちから一つ選べ。解答番号は　17　。

① ア．イ

② ウ．エ

③ ア．ウ

④ イ．エ

問２　エルニーニョ現象に関係する海上の東寄りの風として最も適当なものを，次の①～④のうちから一つ選べ。解答番号は　18　。

① 貿易風

② 偏西風

③ 海陸風

④ 季節風

問３　エルニーニョ現象に伴う変化を述べた文として誤っているものを，次の①～④のうちから一つ選べ。解答番号は　19　。

① 太平洋赤道域の海上を吹く東寄りの風が平年より弱くなる。

② 太平洋赤道域で周囲より水温が高い暖水域が平年より東に広がる。

③ 太平洋赤道域東部の深海からの冷水の上昇が平年より強くなる。

④ 海上における上昇気流の発生位置が変化し，日本でも異常気象が起こりやすい。

問４　エルニーニョ現象とは反対に，図１のＡの太平洋赤道域の東部における海水温が平年より低い状態が続く現象を何と呼ぶか。正しいものを，次の①～④のうちから一つ選べ。解答番号は　20　。

① ヒートアイランド現象

② フェーン現象

③ デリンジャー現象

④ ラニーニャ現象

令和３年度　第２回

解答・解説

【重要度の表記】

Ａ：重要度が高く確実に正答したい設問。しっかり
　　復習する必要のある問題です。

Ｂ：重要度はＡレベルよりすこし下で、やや難易度
　　が高い設問または内容を読み取る設問。高得点
　　を狙う人は復習しましょう！

Ｃ：重要度が低い、または難解な設問。軽く復習す
　　る程度でよいでしょう！

令和3年度 第2回 高卒認定試験

──────────── 【 解 答 】 ────────────

1	解答番号	正答	配点	2	解答番号	正答	配点	3	解答番号	正答	配点	4	解答番号	正答	配点	5	解答番号	正答	配点
問1	1	④	5	問1	5	②	5	問1	9	④	5	問1	13	①	5	問1	17	④	5
問2	2	②	5	問2	6	③	5	問2	10	③	5	問2	14	③	5	問2	18	①	5
問3	3	③	5	問3	7	②	5	問3	11	①	5	問3	15	③	5	問3	19	③	5
問4	4	①	5	問4	8	①	5	問4	12	②	5	問4	16	①	5	問4	20	④	5

──────────── 【 解 説 】 ────────────

1

問1　さまざまな観測事実から、宇宙は今から約138億年前に誕生したと考えられています。したがって、正解は④となります。①の20億年前は先カンブリア時代の原生代にあたり、この頃に大気中の酸素濃度が急上昇したり最初の超大陸が誕生したりしたと考えられています。②の35億年前は先カンブリア時代の太古代にあたり、その頃の地層から最古の生物活動の証拠となる化石が発見されています（西オーストラリアのピルバラ地域で産出したバクテリア化石）。③の46億年前は地球が誕生した頃です。

解答番号【1】：4　⇒ ■重要度A■

問2　宇宙は誕生直後にインフレーションと呼ばれる急膨張を起こし、そのときに熱エネルギーが解放されて超高温・超高密度の火の玉宇宙となりました。このような状態をビッグバンといいます。したがって、正解は②となります。①のフレアは太陽などの恒星の表面で起こる爆発現象、③のジャイアント・インパクトは誕生して間もない地球に火星サイズの微惑星が衝突して月がつくられた出来事、④のプロミネンスは太陽の大気である彩層の一部が太陽コロナ中に噴き出したガスの流れのことです。

解答番号【2】：2　⇒ ■重要度A■

問3　水素原子は1つの陽子と1つの電子からなる最も単純な原子です。すなわち水素の原子核は陽子1つです。また陽子2つと中性子2つからなるのが、水素の次に単純な原子であるヘリウムの原子核です。したがって、正解は③となります。宇宙誕生直後の高温高密度状態でつくられたのは水素とヘリウム、わずかばかりのリチウムのみで、炭素や酸素などはのちに恒星内部の核融合反応によって合成されました。

解答番号【3】：3　⇒ ■重要度A■

問4　①のこと座環状星雲は惑星状星雲と呼ばれる種類の天体ですが、それは太陽の8倍以下の質量を持つ恒星が最期を迎えた後の姿です。したがって、正解は①となります。②のオリオン大星雲や④のバラ星雲といった散光星雲は、まさに恒星が生まれつつある現場で、生まれたばかりの若い恒星が放つ紫外線によって星雲が発光しています。③のオリオン座馬頭星雲のような暗黒星雲は、星の材料となるガスや塵が濃く集まっている領域です。

　　　解答番号【4】：1　　⇒ 重要度B

2

問1　図1の1時間後であれば、惑星をはじめ天体は日周運動によって東から西へと動いて見えます。したがって、正解は②となります。

　　　解答番号【5】：2　　⇒ 重要度B

問2　図1中の点線は、天球上における太陽の通り道で黄道と呼ばれます。太陽が黄道上を日々動いて見えるのは地球が太陽のまわりを公転しているからで、黄道面は地球の公転軌道面ということができます。ほかの惑星が黄道上に並んでいるように見えるということは、各惑星の公転軌道面がほぼ同じであることを示しています。したがって、正解は③となります。①の自転周期は惑星によってまちまちで、地球はおよそ24時間ですが木星や土星は10時間以下と短く、その一方で金星のように243日と非常に長い惑星もあります。②の公転周期は太陽に近い惑星ほど短く、たとえば水星は88日、地球は365日、木星は12年です。太陽から離れれば離れるほど公転軌道の長さも長くなるため、④の公転速度も太陽から離れるほど小さくなります。

　　　解答番号【6】：3　　⇒ 重要度C

問3　海王星軌道の外側には、主に氷でできた小天体が多数分布しています。これらは太陽系外縁天体と呼ばれ、かつて惑星であった冥王星も、現在は太陽系外縁天体に分類されています（太陽系外縁天体のうちいくつかの条件を満たした天体は準惑星と呼ばれ、冥王星は準惑星です）。①のハビタブルゾーンは、太陽からの距離がちょうどよく、惑星の表面に液体の水が存在できる領域のことです。③の白色矮星は、太陽の8倍以下の質量を持つ恒星が最期を迎えたあとに残された、恒星の中心核だった天体のことです。④の小惑星帯は、火星軌道と木星軌道の間にある、小惑星が数多く分布している領域のことです。

　　　解答番号【7】：2　　⇒ 重要度A

問4　下線部(b)の状態になったとき、火星は地球から見て太陽の反対側に位置しています。したがって、10月の初め頃には太陽、地球、火星がこの順に一直線に並んだことになります。地球と火星それぞれの軌道を円と仮定すると、太陽〜地球間の距離が1.0天文単位、太陽〜火星間の距離が1.5天文単位ですから、火星と地球の間の距離は0.5天文単位となります。したがって、正解は①となります。

　　　解答番号【8】：1　　⇒ 重要度A

3

問1　観察1の結果から火成岩Aは二酸化ケイ素が多く含まれた岩石であることが、観察3の結果から火成岩Aは斑状組織を持つ火山岩であることがわかります。二酸化ケイ素を多く含む白っぽい火山岩は流紋岩です。したがって、正解は④となります。①のはんれい岩や②のかんらん岩、③の閃緑岩はいずれも深成岩で、等粒状組織を持ちます。

解答番号【9】：4　　⇒ 重要度A

問2　岩石は、主に二酸化ケイ素（SiO_2）を主体とするケイ酸塩鉱物からなります。とくに白色や灰色の岩石ほど二酸化ケイ素の割合が高くなります。したがって、正解は③となります。

解答番号【10】：3　　⇒ 重要度A

問3　玄武岩は火成岩のうちの火山岩であるため斑状組織を持ちます。そして有色鉱物としてかんらん石を含み、雲母類はほとんど含みません。したがって、正解は②となります。

解答番号【11】：2　　⇒ 重要度B

問4　②の場合、岩石には浮力が働くため、重さを測ってもその増加分から岩石の堆積を測ることはできません。つまり②の方法は誤りであり、したがって、正解は②となります。①や④の場合は岩石がその体積分押しのけた水の体積を測っているので正しく、③は浮力の大きさを測っており、浮力とは水に入れた物体と同じ体積の水に作用する重力の大きさに等しいため、やはり岩石の体積を測れることになります。

解答番号【12】：2　　⇒ 重要度C

4

問1　地層累重の法則とは、斉一説に則って「地層は下から上に堆積し、地層の逆転がない場合は新しい地層ほど上位に来る」というものです。したがって、正解は①となります。②は続成作用についての説明、③は鍵層の説明、④は堆積作用についての説明です。

解答番号【13】：1　　⇒ 重要度A

問2　堆積構造アは線状の模様であるラミナ（葉理）が、層理面と斜めに交わっています。このような構造を斜交葉理（クロスラミナ）といいます。クロスラミナは地層の上下判定に役立ち、水流の変化に伴ってラミナの向きが変わるため、新しいラミナが古いラミナを切っています。したがって、正解は③となります。級化層理とは、たとえば水中で静かに砂と泥が堆積するとき、粒径の大きな砂が先に沈み泥が後から沈むことでできる構造のことです。

解答番号【14】：3　　⇒ 重要度B

問3　地層において下位の層と上の層の間に大きな隔たりがある関係のことを不整合といいます。したがって、正解は②となります。①の整合は連続して堆積した地層どうしの関係のこと、③の断層は地層が大きな力によって地層が寸断されずれた場所のこと、④の

貫入はある地層の中にマグマが入り込んで固まることをいいます。

解答番号【15】：2　　⇒ 重要度Ａ

問4　砕屑物と水が混ざり合って、大陸斜面を流れ下り堆積してできた堆積物をタービダイトといいます。そして、このような砕屑物と水が混ざり合って高速で斜面を下るような流れのことを混濁流や乱泥流といいます。したがって、正解は①となります。チャートは二酸化ケイ素の殻を持つ放散虫などの動物の遺骸が堆積して固結した岩石のことです。また、火砕流は火山砕屑物と火山ガスが混ざり合って高速で山の斜面を流れ下る現象のことです。

解答番号【16】：1　　⇒ 重要度Ｃ

5

問1　エルニーニョ現象は、太平洋赤道域すなわち地図中のＡの領域で海水温が平年よりも高い状態が続く現象のことをいいます。図1のＡのグラフを見ると、イとエの期間で海水温が平年（縦軸の0）を常に上回っていることがわかります。したがって、正解は④となります。

解答番号【17】：4　　⇒ 重要度Ｂ

問2　エルニーニョ現象が起こる赤道域において吹く東寄りの風は貿易風です。したがって、正解は①となります。②の偏西風は日本のような中緯度域の上空に吹く西寄りの風のこと、③の海陸風は海と陸の温まりやすさの違いによって気圧差が生じて吹く局地的な風のこと、④の季節風はたとえば冬に日本列島付近の気圧配置が西高東低となった場合に北西から南東に向かって吹く風のことです。

解答番号【18】：1　　⇒ 重要度Ｂ

問3　エルニーニョ現象は、太平洋赤道域の上空を吹く風が弱まることで、同西部の暖水が東部に流れ込むことで生じます。すると、海上における上昇気流の発生位置が変化し日本でも異常気象が起こりやすくなるとともに、太平洋赤道域東部の深海からの冷水の上昇が妨げられ、平年より弱くなります。したがって、正解は③となります。

解答番号【19】：3　　⇒ 重要度Ａ

問4　エルニーニョ現象とは反対に、太平洋赤道域東部の海水温が平年より低い状態が続く現象をラニーニャ現象といいます。したがって、正解は④となります。①のヒートアイランド現象は都市部の気温が周辺の郊外に比べ高くなる現象で、原因はアスファルト等による地面の被覆、人工排熱の増加、都市の高密度化であると考えられています。②のフェーン現象は、山を越えた乾燥した空気が断熱減率の違いによって高温になって下降し、風下の気温が上がる現象です。③のデリンジャー現象は太陽フレアなどによって電離層が乱され発生した通信障害のことです。

解答番号【20】：4　　⇒ 重要度Ａ

令和３年度 第１回
高卒認定試験

地学基礎

解答時間　50分

注　意　事　項（抜粋）

* 試験開始の合図前に，監督者の指示に従って，解答用紙の該当欄に以下の内容をそれぞれ正しく記入し，マークすること。

①氏名欄

氏名を記入すること。

②受験番号，③生年月日，④受験地欄

受験番号，生年月日を記入し，さらにマーク欄に受験番号（数字），生年月日（年号・数字），受験地をマークすること。

* 受験番号，生年月日，受験地が正しくマークされていない場合は，採点できないことがある。

* 解答は，解答用紙の解答欄にマークすること。例えば，| 10 |と表示のある解答番号に対して②と解答する場合は，次の(例)のように**解答番号 10 の解答欄**の②にマークすること。

(例)

解答番号	解　答　欄
10	① ② ③ ④ ⑤ ⑥ ⑦ ⑧ ⑨ ⓪

地　学　基　礎

$$\left(解答番号\;\boxed{1}\;\sim\;\boxed{20}\right)$$

1 　太陽系と銀河系や銀河の規模に関する**問1～問4**に答えよ。

　　惑星の中で太陽から一番遠い海王星の軌道の直径は約60天文単位で，光年で表すと約0.001光年となる。また，太陽から非常に離れた範囲まで，彗星の源となる天体が広がっていると考えられており，オールトの雲と呼ばれる。オールトの雲を含めた太陽系の直径は，彗星の軌道計算から3光年ほどと考えられており，海王星の軌道に比べてかなり大きい。(図1)
(a)
(b)
　　太陽系は，約2000億個の恒星や星間物質の集合体である銀河系の中にある。図2は銀河系の構造を模式的に示したものである。大部分の恒星は**ア**と**イ**に集中しているが，**ウ**にも球状星団と呼ばれる数10万個の恒星の集団があり，その分布から銀河系の中心の位置が求められた。銀河系の**イ**の直径は10万光年もあり，非常に広大なことが分かる。
(c)
　　銀河系のような天体は宇宙に無数に存在する。銀河系とアンドロメダ銀河は，その周辺の約　**A**　個の銀河を含めて一つの集まりをつくっており，局部　**B**　と呼ばれている。地球からアンドロメダ銀河までの距離は約250万光年であり，銀河系やアンドロメダ銀河の大きさに対して，銀河どうしの距離は近いと言える。
(d)

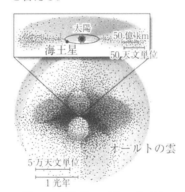

図1　太陽系の天体の広がり

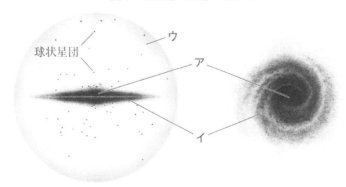

図2　銀河系の構造(国立天文台 Mitaka により作成)
右の図は，左の図の**ア**と**イ**を上から見た図である。

問1　下線部約0.001光年，下線部3光年ほど，下線部10万光年について，海王星の軌道の直
　　(a)　　　　　　　　(b)　　　　　　　(c)
　　　径を1mとしたとき，次の文の　X　と　Y　に入る値の組合せとして最も適当なも
　　　のを，下の①～④のうちから一つ選べ。解答番号は　1　。

　　　　オールトの雲を含めた太陽系の直径は約　X　となる。また，銀河系のイの直径は約
　　　Y　となり，この距離は地球から月までの距離の約1/4に相当する。

	X	Y
①	3 km	10000 km
②	3 km	100000 km
③	30 km	10000 km
④	30 km	100000 km

問2　図2のア～ウの名称の組合せとして最も適当なものを，次の①～④のうちから一つ選べ。
　　　解答番号は　2　。

	ア	イ	ウ
①	円盤部(ディスク)	ハロー	バルジ
②	円盤部(ディスク)	バルジ	ハロー
③	バルジ	円盤部(ディスク)	ハロー
④	ハロー	バルジ	円盤部(ディスク)

問3　文中の　A　と　B　に入る語句の組合せとして最も適当なものを，次の①～④のう
　　　ちから一つ選べ。解答番号は　3　。

	A	B
①	数十	銀河群
②	数十	銀河団
③	数百	銀河群
④	数百	銀河団

問4　下線部アンドロメダ銀河までの距離は約250万光年について，私達が見ているアンドロメ
　　　　　(d)
　　　ダ銀河の姿は，いつ頃発せられた光か。最も適当なものを，次の①～④のうちから一つ選
　　　べ。解答番号は　4　。
　　① 新生代第四紀の一番新しい氷期(最終氷期)が終わった頃
　　② 新生代第四紀の原人(原始的なホモ属)が出現した頃
　　③ 中生代白亜紀末の恐竜が絶滅した頃
　　④ 中生代三畳紀の恐竜が出現した頃

2 地球の内部構造に関する**問1**〜**問4**に答えよ。

地球の内部は大きく分けて，地殻，マントル，核に分かれている。地殻には大陸地殻と海洋地殻がある。大陸地殻の上部には花こう岩に近い組成の岩石が存在しているが，大陸地殻の下部には海洋地殻と同様な組成の岩石が分布している。
(a)

図1のように地殻の下にはマントルがあり，大部分が A の状態になっている。また，地殻よりもマントルの方が密度は B 。

核は液体の外核と固体の内核に分けられ，液体の外核は磁場の発生に関わっていると考えられ
(b)
ている。

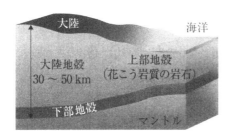 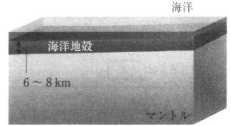

図1 地殻とマントル

問1 下線部大陸地殻の下部には海洋地殻と同様な組成の岩石が分布しているについて，大陸地
(a)
殻の下部を構成する岩石は，どのような岩石と組成が似ているか。最も適当なものを，次の
①〜④のうちから一つ選べ。解答番号は 5 。

① 玄武岩

② 流紋岩

③ 安山岩

④ 石灰岩

問2 文中の A と B に入る語句の組合せとして最も適当なものを，次の①〜④のうちから一つ選べ。解答番号は 6 。

	A	B
①	固体	大きい
②	固体	小さい
③	液体	大きい
④	液体	小さい

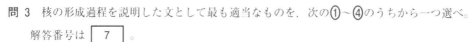

問 3　核の形成過程を説明した文として最も適当なものを，次の①〜④のうちから一つ選べ。

解答番号は　7　。

①　微惑星が集まって原始惑星をつくるときに，金属を多く含む微惑星が最初に集積して，核を形成した。

②　マグマオーシャンが形成されたときに，その中で密度の大きい金属成分が沈んで核を形成した。

③　海嶺などでマグマが形成されるときに，マグマに含まれる金属が沈んで核を形成した。

④　プレートが沈み込むときに，岩石よりも密度の大きい金属が分離して核を形成した。

問 4　下線部核は液体の外核と固体の内核に分けられについて，核の断面図における内核が占める大きさの割合を示した図として最も適当なものを，次の①〜④のうちから一つ選べ。

解答番号は　8　。

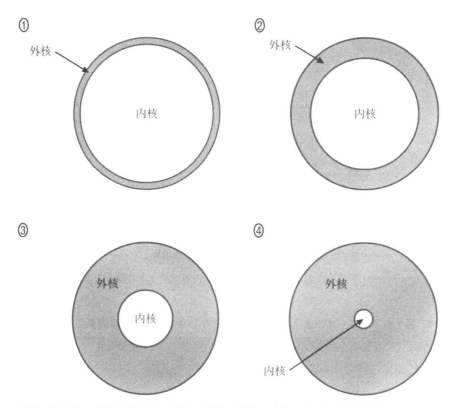

外周の円は核の大きさを表し，灰色の部分は外核，白色の部分は内核を表している。

3 プレートと地震に関する**問1～問4**に答えよ。

　地球の表面は，**図1**のように10数枚からなるプレートでできている。**図1**のア，イ，オは，プレートどうしが収束している境界である。**図1**の**ウ**は，プレートどうしがすれ違う境界である。**図1**の**エ**は，プレートどうしが互いに離れていくプレートの拡大（発散）境界である。プレートどうしの境界では，隣り合うプレートどうしの相対的な動きから，地震をはじめとして様々な現象が起こっている。

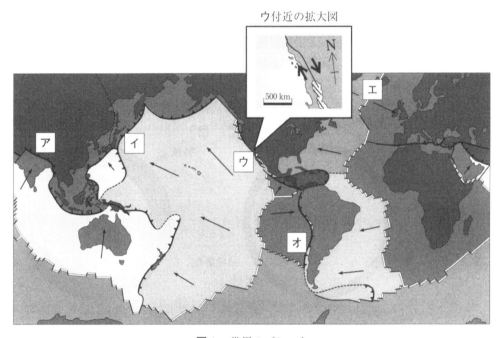

ウ付近の拡大図

500 km

図1　世界のプレート

━━━━━━ 拡大する境界　　━▲━▲━▲ 収束する境界　　━━━━━ すれ違う境界

◀━━━━━ アフリカ大陸を基準としたときの各プレートの動く方向

問1　**図1**のア，イ，オのような，プレートどうしが収束している境界で見られる地形として誤っているものを，次の**①**～**④**のうちから一つ選べ。解答番号は　9　。

①　海溝

②　海嶺

③　大山脈

④　トラフ

問2　図1のウの拡大図の矢印のように，この地域では水平方向に岩盤がずれている断層がある。この断層の種類として最も適当なものを，次の①～④のうちから一つ選べ。

解答番号は　10　。

① 正断層

② 逆断層

③ 右横ずれ断層

④ 左横ずれ断層

問3　図1のエのような場所ではどのような地震が起こるか。最も適当なものを，次の①～④のうちから一つ選べ。解答番号は　11　。

① 比較的浅い場所を震源とする，主に正断層の形成とともに起こる地震

② 比較的浅い場所を震源とする，主に逆断層の形成とともに起こる地震

③ 比較的深い場所を震源とする，主に正断層の形成とともに起こる地震

④ 比較的深い場所を震源とする，主に逆断層の形成とともに起こる地震

問4　図1のオでは，イと同じく海洋プレートが大陸プレートの下に沈み込んでいる。オの場所の東西断面における震源分布を示した図として最も適当なものを，次の①～④のうちから一つ選べ。なお，震源は●で表している。解答番号は　12　。

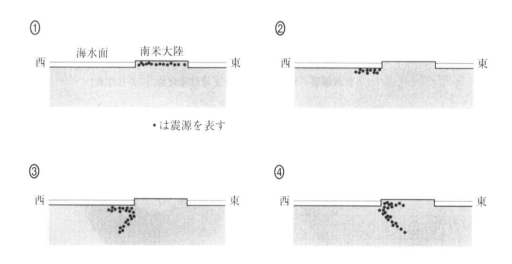

4 　地球の歴史に関する**問1～問4**に答えよ。

　　地球の大気組成は，地球誕生から現在まで変化し続けている。**図1**は地球の大気組成の変遷を示しており，過去の大気は現在のものとは大きく異なっていることが分かる。大気組成の変化は，地球環境の変化や生物の活動など，様々な原因によるものと考えられている。

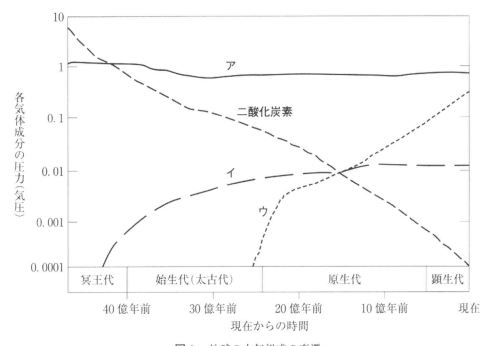

図1　地球の大気組成の変遷

（岩波講座　地球惑星科学13「地球進化論」により作成）

問1　**図1**のア～ウは，酸素，窒素，アルゴンのいずれかを表している。ア，ウの気体の組合せとして最も適当なものを，次の**①**～**④**のうちから一つ選べ。解答番号は　13　。

	ア	ウ
①	アルゴン	窒素
②	酸素	窒素
③	窒素	アルゴン
④	窒素	酸素

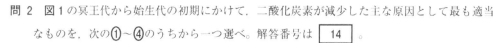

問 2　図1の冥王代から始生代の初期にかけて，二酸化炭素が減少した主な原因として最も適当なものを，次の①～④のうちから一つ選べ。解答番号は　14　。

① 生物の呼吸により，多量に消費された。

② 海に溶け，石灰岩として固定された。

③ 植物の光合成により，多量に吸収された。

④ 太陽風により，宇宙空間に放出された。

問 3　最初に出現した生物の説明として最も適当なものを，次の①～④のうちから一つ選べ。解答番号は　15　。

① 約25億年前には誕生した，核を持たない細胞でできた生物

② 約25億年前には誕生した，核を持つ細胞でできた生物

③ 約35億年前には誕生した，核を持たない細胞でできた生物

④ 約35億年前には誕生した，核を持つ細胞でできた生物

問 4　原生代に起こったと考えられるできごととして最も適当なものを，次の①～④のうちから一つ選べ。解答番号は　16　。

① 全球凍結

② パンゲアの形成

③ ヒマラヤ山脈の形成

④ 最古の岩石の形成

令和３年度第１回試験

5 　台風とその災害に関する**問１**〜**問４**に答えよ。

　2020 年の台風 10 号は，1959 年に日本に甚大な被害をもたらした伊勢湾台風に匹敵するような勢力で，日本に接近することが予測された。

　図１は，台風 10 号が九州地方に接近した９月６日の天気図である。<u>台風 10 号は７日にかけて九州地方の西側を北上し，７日９時に朝鮮半島の南に上陸した。</u>(a) 台風 10 号が伊勢湾台風以上の勢力に発達することはなかった。しかし，強い勢力を維持したまま日本近海を通過し，雨・風を中心として日本に甚大な被害をもたらした。

　一方，図２は，1959 年の伊勢湾台風の経路を示している。伊勢湾台風は，９月後半に日本に接近した台風である。日本の南海上から近畿・東海地方に接近し，<u>列島を縦断しながら進路を東に変え，太平洋に抜けている</u>(b) 様子が分かる。

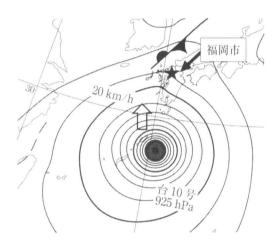

図１　2020 年９月６日９時の天気図
（気象庁の web サイトにより作成）

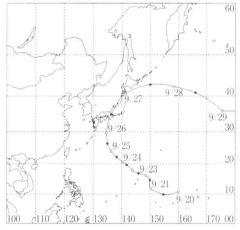

図２　伊勢湾台風の経路
（気象庁の web サイトより）

問１　台風について説明した文として**適切でないもの**を，次の①〜④のうちから一つ選べ。解答番号は　17　。

① 主に日本の南の海水温が高い領域で発生する。

② 中心気圧は発生したときに最も低く，徐々に高くなる。

③ 日本列島に上陸すると勢力が弱まる傾向がある。

④ 初夏よりも初秋に日本列島に上陸する傾向がある。

問 2　下線部台風10号は7日にかけて九州地方の西側を北上し，7日9時に朝鮮半島の南に上
(a)
陸したについて，2020年9月6日9時から翌日7日9時にかけての，福岡市の風向の変化
として最も適当なものを，次の①～④のうちから一つ選べ。なお，風向は四方位で示してい
る。解答番号は　18　。

①　南　→　東　→　北

②　南　→　西　→　北

③　北　→　東　→　南

④　北　→　西　→　南

問 3　下線部列島を縦断しながら進路を東に変え，太平洋に抜けているについて，この伊勢湾台
(b)
風の動きに強く影響した風として最も適当なものを，次の①～④のうちから一つ選べ。
解答番号は　19　。

①　北西の季節風

②　貿易風

③　海陸風

④　偏西風

問 4　台風が接近したときに発生する災害として最も適当なものを，次の①～④のうちから一つ
選べ。解答番号は　20　。

①　液状化現象

②　冷害

③　干ばつ

④　高潮

令和3年度第1回試験

令和3年度 第1回

解答・解説

📖 令和3年度 第1回 高卒認定試験

─── 【 解 答 】 ───

1	解答番号	正答	配点	2	解答番号	正答	配点	3	解答番号	正答	配点	4	解答番号	正答	配点	5	解答番号	正答	配点
問1	1	②	5	問1	5	①	5	問1	9	②	5	問1	13	④	5	問1	17	②	5
問2	2	③	5	問2	6	①	5	問2	10	③	5	問2	14	②	5	問2	18	③	5
問3	3	①	5	問3	7	②	5	問3	11	①	5	問3	15	③	5	問3	19	④	5
問4	4	②	5	問4	8	③	5	問4	12	④	5	問4	16	①	5	問4	20	④	5

─── 【 解 説 】 ───

1

問1　海王星の軌道の直径は 0.001 光年、オールトの雲を含めた太陽系の直径は 3 光年、銀河系のイの直径は 10 万光年です。このことから、太陽系の直径は海王星の軌道の直径の 3,000 倍、銀河系のイの直径は海王星の軌道の直径の 10 億倍であることがわかります。海王星の軌道の直径を 1 m とすると、太陽系の直径は 3,000 m、すなわち 3 km となり、銀河系のイの直径は 10 億 m すなわち 10 万 km となります。したがって、正解は②となります。

解答番号【1】：2　⇒ 重要度B

問2　銀河系の中心の、横から見るとやや膨らんだ部分をバルジといい、比較的年老いた星たちの集まりです。その周囲に広がる偏平な部分を円盤部（ディスク）といい、いくつかの腕からなる渦巻構造を持っています。それらを包み込むように広がる高温のガスからなる構造をハローといい、球状星団が分布しています。したがって、正解は③となります。なお、球状星団はハローだけでなくバルジにも分布しています。

解答番号【2】：3　⇒ 重要度A

問3　銀河系やアンドロメダ銀河は、周辺の数十個の銀河とともに局部銀河群と呼ばれる銀河の集団をつくっています。したがって、正解は①となります。局部銀河群に含まれる大型の銀河は銀河系、アンドロメダ銀河、さんかく座銀河の 3 つだけで、残りは恒星の数が数百万個から数億個程度の矮小銀河です。なお、銀河団とは数百から数千個の銀河からなる大集団です。局部銀河群の近くには、おとめ座銀河団があります。

解答番号【3】：1　⇒ 重要度A

問4　①の最終氷期が終わったのは約 1 万年前、②の原人、たとえばホモ・ハビリスが出現したのは約 240 万年前、③の恐竜が絶滅したのは約 6500 万年前、④の恐竜が出現したのは約 2 億 3000 万年前です。したがって、正解は②となります。

解答番号【4】：2　⇒ 重要度B

2

問1　大陸地殻の下部ならびに海洋地殻を構成する岩石は玄武岩質の岩石です。したがって、正解は①となります。

解答番号【5】：1　　⇒ 重要度 A

問2　マントルは流動性があるので液体と思ってしまいがちですが、大部分は固体です。マントルは主にかんらん岩からできていて、密度は地殻よりも大きいです。地殻はマントルの上にいわば浮いている形になるのです。したがって、正解は①となります。

解答番号【6】：1　　⇒ 重要度 B

問3　地球のような岩石でできた惑星は微惑星の衝突・合体によってつくられました。微惑星は岩石と鉄などの金属が混ざり合った天体だと考えられています。微惑星どうしの衝突エネルギーは非常に大きく、誕生して間もない地球は全球が融けたマグマオーシャンと呼ばれる状態になりました。すると、微惑星に含まれていた密度の大きな金属成分が中心部分に沈んでいきます。こうしてつくられたのが地球の核です。したがって、正解は②となります。

解答番号【7】：2　　⇒ 重要度 B

問4　地球の核は半径が 3,500 km ほどで、中心から半径 1,200 km の部分が内核、半径 1,200 〜 3,500 km の部分が外核です。つまり、外核の厚みは約 2,300 km で、内核の約 2 倍です。したがって、正解は③となります。

解答番号【8】：3　　⇒ 重要度 A

3

問1　①の海溝は、大陸プレートと海洋プレートが収束している境界で、海洋プレートが大陸プレートの下に沈み込んで巨大な溝をつくっています。図中のイ（日本海溝〜伊豆・小笠原海溝）やオ（ペルー・チリ海溝）が海溝です。④のトラフは、海溝のうち深さが 6,000 mを超えないものをいいます（ただし、トラフの成因はプレートの沈み込みだけではありません）。日本の南にある南海トラフ、駿河トラフ、相模トラフなどが一例です。③の大山脈は、大陸プレートどうしが収束している境界で、図中のア（ヒマラヤ山脈）が大山脈です。アはユーラシアプレートとインド・オーストラリアプレートがぶつかり合うことでつくられました。したがって、正解は②となります。海嶺はプレートどうしが互いに離れていく拡大（発散）境界です。

解答番号【9】：2　　⇒ 重要度 A

問2　①の正断層と②の逆断層は、いずれも岩盤が上下にずれることで生じる断層です。③と④が、岩盤が水平方向にずれる断層で、ウ付近の拡大図を見ると、どちらの岩盤ももうひとつの岩盤に対して右方向に動いています。したがって、正解は③となります。

解答番号【10】：3　　⇒ 重要度 A

問3　エのようなプレートが拡大（発散）していく境界では、比較的浅い場所を震源とする

地震が発生します。また、プレートが拡大（発散）していく場所では、岩盤どうしが引っ張り合うことで正断層が生じます。したがって、正解は①となります。逆断層は、岩盤が押し合うことによって生じる断層です。

解答番号【11】：1 ⇒ 重要度B

問4　オでは海洋プレートであるナスカプレートが、大陸プレートである南アメリカプレート＝南米大陸に沈み込むプレートの収束境界です。地震はプレートの沈む込みに伴い、2つのプレートの境界付近で多発します。すなわち海溝付近では震源が浅い地震が多く発生し、内陸に行くほど震源が深い地震が発生するようになります。したがって、正解は④となります。

解答番号【12】：4 ⇒ 重要度C

4

問1　現在の地球大気は、約78%が窒素、約20%が酸素、約1%がアルゴン、残りが二酸化炭素や水蒸気などです。グラフの右端を見ると、大気の各気体成分の圧力のうちアが大部分を占め、次いでウが多いことがわかります。つまりアが窒素、イがアルゴン、ウが酸素です。したがって、正解は④となります。

解答番号【13】：4 ⇒ 重要度A

問2　地球誕生直後は、大気の主成分は二酸化炭素でした。しかし、地球表面に海が誕生したことで二酸化炭素が海水に溶け込んで大気中から取り除かれるようになります。二酸化炭素を溶かし込んだ海水は弱酸性となり、大陸をつくっていた岩石に含まれていたカルシウムなどを溶かし込むようになります。すると、海水中の炭酸イオン（二酸化炭素が由来）とカルシウムイオンが結びつき、炭酸カルシウム（石灰岩）となって沈殿していきます。その結果、海水は中性となって再び大気中の二酸化炭素を溶かし込めるようになります。こうして初期の地球大気から二酸化炭素が取り除かれていきました。したがって、正解は②となります。生物は呼吸で二酸化炭素を消費しないため①は誤りです。植物の光合成によって吸収されるようになるのは約5億年前以降のため、③も誤りです。④の太陽風による放出もまったくなかったわけではありませんが、初期の地球大気から二酸化炭素を取り除けるほどではありませんでした。

解答番号【14】：2 ⇒ 重要度A

問3　地球上にいつ生物が誕生したかは議論がありますが、少なくとも約35億年前には生物が存在していたと考えられています。最初の生物は、核を持たないたった一つの細胞からできていました。したがって、正解は③となります。なお、細胞内に核を持たない生物を原核生物、核を持つ生物を真核生物といい、たった一つの細胞からなる生物を単細胞生物、複数の細胞からなる生物を多細胞生物といいます。

解答番号【15】：3 ⇒ 重要度B

問4　①の全球凍結はスノーボールアースとも呼ばれ、地球の歴史において約29億年前、約24億5000万年前、約7億3000万年前の3回ほど起きたと考えられています。②の超大陸パンゲアの形成は約2億5000万年前（古生代ペルム紀末期）、③のヒマラヤ山脈の

形成は 7000 万年前（中生代白亜紀末期）にそれぞれ始まったと考えられています。④の最古の岩石の形成は、約 40 億年前以前だと考えられています（現在発見されている世界最古の岩石は約 40 億年前につくられたアカスタ片麻岩です）。したがって、正解は①となります。

解答番号【16】：1　　⇒ 重要度C

5

問1　台風の多くは、日本のはるか南の熱帯域、海面の水温が 26 ～ 27 度以上の海上で発生します。発生した台風は、蒸発した海水が上昇気流によって上空に持ち上げられ、再び凝結するときに生じる潜熱をエネルギー源として発達を続けます。すると、中心気圧が下がりますが、日本近海に到達すると海面の水温が低下するために発達が鈍るようになり、上陸するとエネルギーが得られなくなったり地面との摩擦によってエネルギーを失ったりして勢力が弱まり、やがて消滅します。台風は夏から秋にかけて日本に接近しますが、日本列島が太平洋高気圧に広く覆われる夏よりも、太平洋高気圧の勢力が弱まって後退する秋の方が上陸しやすくなります。したがって、正解は②となります。

解答番号【17】：2　　⇒ 重要度A

問2　風向とは、風が吹いてくる方向のことをいいます。台風は低気圧であるため、北半球においては台風の中心に向かって反時計回りに風が吹き込みます。台風が南にあるときは台風に向かって北から南へ風が吹くため、風向は北になります。その後、台風は福岡市の西側を北上したため、風は徐々に東から西へ向かって吹くようになります。台風が朝鮮半島の南に上陸すると、台風の中心は福岡市の北に来るため、風は南から北へ向かって吹くようになります。したがって、正解は③となります。

解答番号【18】：3　　⇒ 重要度B

問3　台風が進路を東向きに変えたということは、日本列島上空に吹く強い西風に流されたことを意味します。日本をはじめとする北半球中緯度の上空に西から東へ向かって吹く風を偏西風といいます。したがって、正解は④となります。①の北西の季節風は冬に日本列島付近の気圧配置が西高東低となった場合に北西から南東に向かって吹く風のこと、②の貿易風は低緯度上空に西から東に向かって吹く風のこと、③の海陸風は海と陸の温まりやすさの違いによって気圧差が生じて吹く局地的な風のことです。

解答番号【19】：4　　⇒ 重要度A

問4　台風は中心の気圧が低いため、それによって海水が持ち上げられ、海面が上昇する高潮の被害が発生することがあります。したがって、正解は④となります。①の液状化現象は地震によって発生するもの、②の冷害は主に夏に吹く北東の季節風によって生じるものです。干ばつは雨が降らずに長期的な水不足に陥ることで、台風の接近はむしろ干ばつを解消する方向にはたらきます。

解答番号【20】：4　　⇒ 重要度A

令和2年度 第2回
高卒認定試験

地学基礎

解答時間 50分

地 学 基 礎

$$\left(解答番号 \boxed{1} \sim \boxed{20}\right)$$

1 太陽に関する問1～問4に答えよ。

　図1は太陽の一生を表した模式図である。現在の太陽が光り輝いているのは，中心部の核融合反応によるものである。核融合反応は，太陽の誕生初期には起きておらず，原始太陽の内部が重力によって **A** し，温度が **B** することで始まった。現在の太陽で起きている核融合反応は約50億～60億年後には変化し，太陽は **C** の段階に進むとみられている。さらに時間が経ち，外側のガスを穏やかに放出し，核融合反応が停止すると太陽は終末を迎えることになる。

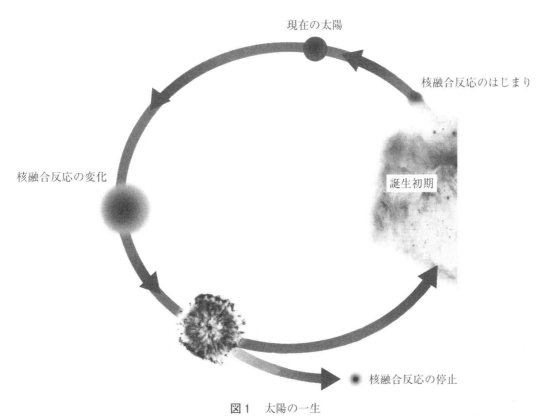

図1　太陽の一生

この模式図では，太陽の各段階の時間は正確には表現されていない。

(NASAのwebサイトにより作成)

問1 下線部中心部の核融合反応について，現在の太陽で起きている核融合反応の説明として最
(a)
も適当なものを，次の①～④のうちから一つ選べ。解答番号は 1 。

① 酸素の原子核4個から，二酸化炭素の原子核1個が生じる反応である。

② ヘリウムの原子核4個から，炭素の原子核1個が生じる反応である。

③ 炭素の原子核4個から，酸素の原子核1個が生じる反応である。

④ 水素の原子核4個から，ヘリウムの原子核1個が生じる反応である。

問2 下線部太陽の誕生初期について，太陽が誕生したのは何年前か。最も適当なものを，次の
(b)
①～④のうちから一つ選べ。解答番号は 2 。

① 1億年前

② 5億年前

③ 46億年前

④ 138億年前

問3 文中の A と B に入る語句の組合せとして最も適当なものを，次の①～④のう
ちから一つ選べ。解答番号は 3 。

	A	B
①	収縮	上昇
②	収縮	低下
③	膨張	上昇
④	膨張	低下

問4 文中の C に入る語句として最も適当なものを，次の①～④のうちから一つ選べ。
解答番号は 4 。

① 白色矮星

② 赤色巨星(巨星)

③ 主系列星

④ 原始星

2　太陽系の惑星と形成過程に関する問１〜問４に答えよ。

　2005 年の小惑星探査機「はやぶさ」による小惑星「イトカワ」の探査に続いて，2019 年には，図１のように「はやぶさ２」による小惑星「リュウグウ」の探査が行われた。

　太陽系が形成される初期には，微惑星が衝突・合体し，原始惑星を形成した。小惑星は，微惑星がそのまま残っていたり，原始惑星が再び砕けたりしたものである。小惑星を探査することは，太陽系の起源や惑星の成り立ち，生命の原材料物質の解明などにつながるとされている。
(a)

　惑星は，太陽からの距離に応じて性質の異なる二つのグループに分けられ，そのグループは地球型惑星と木星型惑星とよばれている。木星型惑星は，地球型惑星に対して質量や半径は大き
(b)　　　　　(c)
いが，密度は小さい。また，衛星の数は　A　，氷や岩石からなるリング（環）を　B　。しかし，それぞれのグループの中でも，大気や内部構造などには，大きな違いがある。

図１　小惑星探査機「はやぶさ２」と小惑星「リュウグウ」のイメージ図

（JAXA の Web サイトより）

問１　下線部惑星の成り立ちに関して，地球の海の形成について述べた文として最も適当なもの
　　　(a)
　　を，次の①〜④のうちから一つ選べ。解答番号は　5　。

　①　原始大気中に含まれていた水蒸気が冷やされて，雨となって降ることで形成された。

　②　地球が冷えてかたまったとき，プレート境界から水が出てきて形成された。

　③　オーロラと大気の化学反応によってつくられた水が，地表に広がって形成された。

　④　生物の活動によってつくられた水が，数億年かけて地表に広がって形成された。

問2　文中の　A　と　B　に入る語句の組合せとして最も適当なものを，次の①～④のうちから一つ選べ。解答番号は　6　。

	A	B
①	多く	持っている
②	多く	持たない
③	少なく	持っている
④	少なく	持たない

問3　下線部地球型惑星に関して，金星の大気について述べた文として最も適当なものを，次の
(b)
①～④のうちから一つ選べ。解答番号は　7　。

①　厚い大気におおわれ，日射が弱く，地球の平均気温より気温が低い。

②　厚い大気におおわれ，温室効果が高く，地球の平均気温より気温が高い。

③　大気はほとんどなく，日射が強く，地球の平均気温より気温が低い。

④　大気はほとんどなく，温室効果が低く，地球の平均気温より気温が高い。

問4　下線部木星型惑星に関して，下の図2は海王星の内部の層構造を示すモデル図である。こ
(c)
の図で，CとDそれぞれを構成する物質の組合せとして最も適当なものを，下の①～④のうちから一つ選べ。解答番号は　8　。

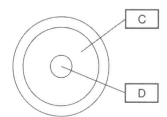

図2　海王星の内部の層構造

	C	D
①	液体の水素	固体の水素
②	液体の水素	岩石
③	水やアンモニアなどの氷	固体の水素
④	水やアンモニアなどの氷	岩石

3 地震に関する**問1～問4**に答えよ。

　関東地方から四国地方の太平洋沿岸では，マグニチュード7から8クラスの地震が周期的に発生している。地震発生により海岸付近で隆起が起こり，海岸線の位置が変化して，階段状の地形が形成されることがある。

　図1は太平洋沿岸の海岸で見られた階段状の地形である。この地形は波の侵食によってできた平坦面が地震によって隆起してできたものである。平坦面は当時の海水面とほぼ一致し，A面が関東地震(1923年)以前の海水面で，B面が元禄地震(1703年)以前の海水面であると推定できた。

図1　階段状の地形

問1　地殻変動を起こす地震のエネルギーについて述べた文として最も適当なものを，次の①～④のうちから一つ選べ。解答番号は　　9　　。

①　マグニチュードが1大きくなると約10倍，2大きくなると約20倍，エネルギーは大きくなる。

②　マグニチュードが1大きくなると約10倍，2大きくなると約100倍，エネルギーは大きくなる。

③　マグニチュードが1大きくなると約32倍，2大きくなると約64倍，エネルギーは大きくなる。

④　マグニチュードが1大きくなると約32倍，2大きくなると約1000倍，エネルギーは大きくなる。

問2　下線部関東地方から四国地方の太平洋沿岸では，マグニチュード7から8クラスの地震が周期的に発生に関して最も関係が深いものを，次の①～④のうちから一つ選べ。
解答番号は　10　。

① プレートが収束する境界で発生する。

② プレートがすれ違う境界で発生する。

③ 火山活動に伴って発生する。

④ プレートが発散(拡大)する境界で発生する。

問3　元禄地震では津波が発生し多くの人が被害にあった。津波について述べた文として誤っているものを，次の①～④のうちから一つ選べ。解答番号は　11　。

① 津波が到着すると，海面が上昇した状態が長く続き，大量の海水が陸地に流れ込むことがある。

② 津波は，震源付近の海岸だけでなく，広範囲に被害をもたらすことがある。

③ 津波は，断層のずれに伴い，海底が隆起あるいは沈降することによって発生する。

④ 津波は一度しかこないので，1回の波をやり過ごせば安心である。

問4　図1の地形が見られる地域は，関東地震以降年間3mmの割合で沈降している。現時点(2020年)のA面の海面からの高さが2.0mとすると，関東地震の時の隆起量として最も適当なものを，次の①～④のうちから一つ選べ。解答番号は　12　。

① 約0.7m

② 約2.3m

③ 約3.3m

④ 約4.3m

4 　堆積物や岩石に関する**問１〜問４**に答えよ。

　　図１は，火成岩，変成岩，堆積岩とマグマおよび堆積物の関係を示したものである。火成岩，
変成岩，堆積岩は，長い間に様々な作用を経て，相互に変化することが知られており，**図１**中の
ア〜クの矢印は，これらの作用を表している。このような岩石同士の関係を岩石サイクルという。
　　図１中の運搬作用に関し，**図２**の曲線は，水底に静止した堆積物の粒子について，粒径とその
粒子が動き出す流速の関係を示したものである。流速と粒径の値の組合せが領域Ⅰにある場合
（曲線上を含む），その粒子は運搬されていることを示す。また，その組合せが領域Ⅱにあるとそ
の堆積物（粒子）は水底に静止したままである。

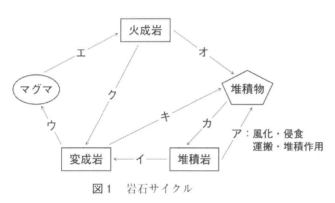

図１　岩石サイクル

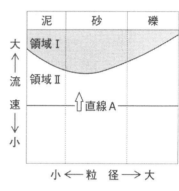

図２　流速と粒径の関係

問１　図１中の矢印**イ〜ク**のうち，矢印**ア**のように風化・侵食・運搬・堆積作用に該当する矢印
　　　の組合せとして最も適当なものを，次の①〜④のうちから一つ選べ。解答番号は　13　。

　①　イ・ウ

　②　イ・エ

　③　オ・キ

　④　カ・ク

問２　図２で，流速を徐々に上げていった場合（図中の直線**A**を上方に動かすことに相当する），
　　　動き出す粒子の順番として最も適当なものを，次の①〜④のうちから一つ選べ。
　　　解答番号は　14　。

　①　泥　→　砂　→　礫

　②　砂　→　泥　→　礫

　③　礫　→　砂　→　泥

　④　砂　→　礫　→　泥

問3 図1中の変成岩について，もととなる岩石に主に圧力が加わり鉱物が一定方向に並んでで
きた岩石を広域変成岩という。広域変成岩として最も適当なものを，次の①～④のうちから
一つ選べ。解答番号は 15 。

① 安山岩

② 結晶質石灰岩（大理石）

③ 結晶片岩

④ 花こう岩

問4 図1中の堆積物の一つとして火山灰がある。大規模な火山の噴火で形成された火山灰層
は，かぎ層としての条件をよく備えている。火山灰層が他の地層と比べて，かぎ層にふさわ
しい理由として最も適当なものを，次の①～④のうちから一つ選べ。解答番号は 16 。

① 短い時間で広範囲に堆積する。

② 短い時間で狭い範囲に堆積する。

③ 長い時間をかけて広範囲に堆積する。

④ 長い時間をかけて狭い範囲に堆積する。

5 太陽放射エネルギーに関する**問1～問4**に答えよ。

地球は太陽から膨大なエネルギーを電磁波として受け取っている。地球表層の自然や生物の営みの多くは，この太陽放射のエネルギーに依存している。図1は，地球大気の上端と地表で受ける太陽放射エネルギーを示したものである。地球大気の上端で，太陽光線に垂直な $1\,\mathrm{m}^2$ の平面が1秒間に受けるエネルギー量を太陽定数とよび，その量は約 $1.37\,\mathrm{kW/m}^2$ である。また図2は，地球が太陽放射を受ける様子を模式的に示したものである。

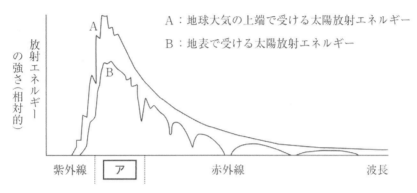

図1 地球大気の上端と地表で受ける太陽放射エネルギー

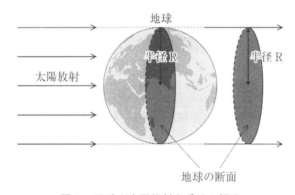

図2 地球が太陽放射を受ける様子

問1 下線部地球表層の自然や生物の営みの多くは，この太陽放射のエネルギーに依存しているとあるが，太陽放射のエネルギーが主な原因の一つとなっている自然現象や生物の営みとして**誤っているもの**を，次の①～④のうちから一つ選べ。解答番号は 17 。

① 気象の変化

② 地球上での水の循環

③ 火山噴火

④ 光合成

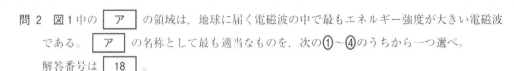

問2　図1中の　ア　の領域は，地球に届く電磁波の中で最もエネルギー強度が大きい電磁波である。　ア　の名称として最も適当なものを，次の①〜④のうちから一つ選べ。解答番号は　18　。

① 電波

② 可視光線

③ X線

④ ガンマ線

問3　図1で地球大気の上端で受ける太陽放射エネルギーと地表で受ける太陽放射エネルギーを比較した場合，地表で受ける太陽放射エネルギーの方が小さい値を示している。その理由として**誤っているもの**を，次の①〜④のうちから一つ選べ。解答番号は　19　。

① 雲や大気によって反射・散乱され，電磁波の一部が地表まで届かないから。

② 紫外線は，主に大気中のオゾンに吸収されるから。

③ 赤外線は，主に大気中の水蒸気や二酸化炭素に吸収されるから。

④ 大気の影響で，地表に届く電磁波の速度が遅くなり弱まるから。

問4　図2を参考にして地球が受ける太陽放射エネルギーの総量〔kW〕を求めたい。地球が受ける太陽放射エネルギーの総量について述べた文として最も適当なものを，次の①〜④のうちから一つ選べ。ただし，地球は半径 R〔m〕の完全な球体とし，太陽定数を I〔kW/m^2〕，円周率を π とする。解答番号は　20　。

① 太陽定数と地球の表面積の積で，$I \times 4\pi R^2$ となる。

② 地球表面の半分は夜だから，太陽定数と地球の表面積の半分の積で，$I \times 2\pi R^2$ となる。

③ 太陽光に垂直な面を考えるので，太陽定数と地球の断面積の積で，$I \times \pi R^2$ となる。

④ 太陽定数と地球の体積の積で，$I \times \dfrac{4}{3}\pi R^3$ となる。

令和2年度 第2回

解答・解説

【重要度の表記】

Ａ：重要度が高く確実に正答したい設問。しっかり
　　復習する必要のある問題です。

Ｂ：重要度はＡレベルよりすこし下で、やや難易度
　　が高い設問または内容を読み取る設問。高得点
　　を狙う人は復習しましょう！

Ｃ：重要度が低い、または難解な設問。軽く復習す
　　る程度でよいでしょう！

令和２年度　第２回　高卒認定試験

【　解　答　】

1	解答番号	正答	配点	2	解答番号	正答	配点	3	解答番号	正答	配点	4	解答番号	正答	配点	5	解答番号	正答	配点
問1	1	④	5	問1	5	①	5	問1	9	④	5	問1	13	③	5	問1	17	③	5
問2	2	③	5	問2	6	①	5	問2	10	①	5	問2	14	②	5	問2	18	②	5
問3	3	①	5	問3	7	②	5	問3	11	④	5	問3	15	③	5	問3	19	④	5
問4	4	②	5	問4	8	④	5	問4	12	②	5	問4	16	①	5	問4	20	③	5

【　解　説　】

1

問1　太陽の大部分は水素から成り、その中心部では水素の核融合反応が起きています。核融合は段階的に進みますが、総合的には水素の原子核（陽子）４個からヘリウムの原子核（陽子２個＋中性子２個）がつくられます。したがって、正解は④となります。①や③の核融合反応は恒星の内部では起きません。②の核融合反応は太陽よりも質量が大きな恒星が進化した段階で起きます。

解答番号【1】：4　⇒ **重要度B**

問2　隕石の年代測定などから、太陽は約46億年前に誕生したと考えられています。したがって、正解は③となります。①の１億年前は地球では中生代の白亜紀にあたり、恐竜が繁栄していた頃です。②の５億年前は地球では古生代のカンブリア紀にあたり、カンブリア爆発と呼ばれる生命の爆発的進化が起きていたころです。④の138億年前は宇宙が誕生した頃です。

解答番号【2】：3　⇒ **重要度A**

問3　太陽をはじめとする恒星は、分子雲と呼ばれるガスと塵からなる天体の一部がなんらかのきっかけで収縮し、その結果、重力エネルギーを解放することで温度が上昇し（この段階は赤外線で輝いていて原始星と呼ばれます）、中心部の温度が1000万度を超えると核融合が始まり自ら光を発し輝けるようになります。したがって、正解は①となります。

解答番号【3】：1　⇒ **重要度B**

問4　現在は中心部で水素の核融合反応を起こして輝いている太陽ですが、やがて中心部の水素は枯渇し、中心部にはヘリウムの核がつくられ、その周囲で水素の核融合反応が起きるようになります。その結果、太陽の外層は膨張し、表面温度が低下し赤くなります。

このような段階を赤色巨星といいます。したがって、正解は②となります。①の白色矮星は太陽が終末を迎えた段階で、すでに核融合反応が停止し余熱で輝いている天体です。主系列星は恒星が中心部で水素の核融合反応を起こし輝いている段階で、現在の太陽がこの段階にあたります。④の原始星は、分子雲が収縮しながら重力エネルギーを解放して赤外線で輝いている段階で、主系列星の前、すなわち一人前の恒星になる前の段階にあたります。

解答番号【4】：2　　⇒ **重要度A**

2

問1　地球の海は、小天体の衝突によって生じ地球を覆った厚い原始大気中の水蒸気が冷え、凝結して雨となって地上に降ることで誕生したと考えられています。したがって、正解は①となります。②に関して、地球におけるプレートテクトニクスの誕生に水が不可欠だったと考えられていますが、プレートの動きなどによってプレート境界から水が出てきて海を作ったわけではありません。③に関して、オーロラは太陽から飛来した電気を帯びた粒子と大気をつくる分子が衝突して発行している現象で、水を生み出すことはできません。④に関して、生物が生まれるためには水が不可欠ですが、生物の活動によって水がつくられることはありません。生物の活動によってつくられ地球上に広がった物質の代表は酸素です。

解答番号【5】：1　　⇒ **重要度B**

問2　地球型惑星に分類されるのは水星、金星、地球、火星の4個で、木星型惑星に分離されるのは木星、土星、天王星、海王星の4個です。地球型惑星は地球が1個、火星が2個の衛星を持っているに過ぎませんが、木星型惑星はいずれも10個以上の衛星を持っています。また地球型惑星でリング（環）を持つ惑星は皆無ですが、木星型惑星はすべてリング（環）を持っています。したがって、正解は①となります。

解答番号【6】：1　　⇒ **重要度A**

問3　金星は地球のすぐ内側を公転する惑星で、地球の90倍という厚い大気に覆われています。大気の主成分は二酸化炭素で、その温室効果によって表面は400度を大きく上回っています。したがって、正解は②となります。

解答番号【7】：2　　⇒ **重要度A**

問4　木星型惑星はいずれも中心部に岩石と金属からなる核を持つと考えられています。その上部の構造は木星型惑星の中でも木星・土星と天王星・海王星で異なり、天王星や海王星の場合は、水やアンモニアなどの氷が核を覆い、外層に水素やヘリウムからなる大気があります。したがって、正解は④となります。このため、天王星や海王星を天王星型惑星に分類し木星型惑星とは別グループとして扱う考え方もあります。核の外側を液体の水素が覆っているのは木星と土星です。

解答番号【8】：4　　⇒ **重要度B**

3

問1　マグニチュードは地震が発するエネルギーの大きさを対数で表した指標です。そのため、マグニチュードが1大きくなるとエネルギーの大きさは約32倍に、2大きくなるとエネルギーの大きさは $32^2 ≒ 1000$ 倍になります。したがって、正解は④となります。

解答番号【9】：4　　⇒ **重要度A**

問2　日本の関東地方から四国地方の太平洋沖には、フィリピン海プレートが北アメリカプレートに沈み込むことで生じた海溝（相模トラフ）や、ユーラシアプレートに沈み込むことで生じた海溝（南海トラフ）が横たわっています。このプレートの沈み込みに伴って周期的に発生するマグニチュード7から8クラスの地震は東海地震や東南海地震、南海地震と呼ばれます。海溝はプレートが収束する境界の一種ですから、したがって、正解は①となります。②のプレートがすれ違う境界はトランスフォーム断層と呼ばれ、日本列島には存在しません。③の火山活動によっても地震は発生しますが、マグニチュードが小さな地震がほとんどです。④のプレートが発散（拡大）する境界は海嶺と呼ばれ、やはり日本列島には存在しません。

解答番号【10】：1　　⇒ **重要度A**

問3　津波は、海底の断層運動によって海底が隆起または沈降し、その結果として生じた海面の上昇が海岸に達する現象で、かなり内陸にまで海水が到達します。その到達範囲は広く、南アメリカのチリ沖で発生した地震による津波が日本列島にまで到達した例があります。津波は通常、複数回押し寄せ、第1波よりも第2波や第3波の方が大きくなる傾向があります。よって誤っているのは④の「津波は一度しかこない」という記述で、したがって、正解は④となります。

解答番号【11】：4　　⇒ **重要度A**

問4　関東地震（1923年）から現在（2020年）までは97年が経過しています。よってA面の高さは、関東地震が発生して隆起した直後は $97 × 3 = 291$ mm $= 0.29$ mほど今より高かったはずです。そして隆起する前はA面が海水面と一致していたわけですから、現在のA面の高さが2mであることを考えると、関東地震によって2.29m隆起し、その後、年々沈降して現在の高さになったことになります。したがって、正解は②となります。

解答番号【12】：2　　⇒ **重要度C**

4

問1　火成岩や変成岩も風化や侵食を受けて砕屑物となり、流水によって運搬され、堆積作用によって堆積物となります。よって矢印オや矢印キが風化・侵食・運搬・堆積作用にあたり、したがって、正解は③となります。矢印イや矢印クのように変成岩をつくるのは変成作用です。矢印ウは岩石が溶融してマグマが生じる過程、矢印エはマグマが冷えて固結し火成岩が生じる過程です。矢印カは堆積物が固化して堆積岩となる過程で、続成作用と呼ばれます。

解答番号【13】：3　　⇒ **重要度C**

問2　図2において、流速と流径の値の組合せが領域 I にある、すなわち直線 A が領域 I に入っている場合に粒子が運搬されているということは、直線 A が領域 I に入る順が、粒子が動き出す順ということになります。流速を上げる、すなわち直線 A を上方に動かすと、まず砂の領域 I に直線 A が入り、その後、泥、礫の順にそれぞれの領域 I に直線 A が入っていきます。したがって、正解は②となります。

解答番号【14】：2　　⇒ 重要度 B

問3　①の安山岩と④の花こう岩はいずれも火成岩で変成を受けていません。なお安山岩はマグマが急に冷えて固まった火山岩、花こう岩はマグマが地下深部でゆっくり冷えて固まった深成岩です。②の結晶質石灰岩（大理石）は変成岩ですが、石灰岩が高温のマグマに触れて変成作用を起こして生じた接触変成岩です。したがって、正解は③となります。結晶片岩は火成岩や堆積岩が広域変成作用を受けて生じた広域変成岩で、鉱物が一定方向に並んでできた片理と呼ばれる面状の構造を持っています。

解答番号【15】：3　　⇒ 重要度 A

問4　かぎ層とは、地層の年代を比較・特定するために用いられる地層のことです。かぎ層の条件としては、短期間に広い範囲に堆積することが挙げられます。狭い範囲にしか堆積しないと様々な地域の堆積年代を比較することができませんし、長期間にわたって堆積してしまうと年代の幅が大きくなってしまい、地質年代を特定するのに向きません。したがって、正解は①となります。

解答番号【16】：1　　⇒ 重要度 B

5

問1　太陽放射のエネルギーによって大気が暖められることで、大気の循環が生まれたり水が蒸発して雲が生じたりし気象が変化します。よって①は正しい記述です。地球上での水の循環も、太陽放射のエネルギーで水が蒸発することで始まります。よって②も正しい記述です。光合成は植物が太陽放射のエネルギーを利用して水と二酸化炭素から酸素と有機物を作り出す反応です。よって④も正しい記述です。したがって、正解は③となります。火山噴火はプルームの循環やプレートの運動など地球内部に起因する現象です。

解答番号【17】：3　　⇒ 重要度 A

問2　太陽からはあらゆる波長の電磁波が放射されていますが、そのうちもっともエネルギー強度が強いのは可視光線です。したがって、正解は②となります。電磁波は波長が短い方からガンマ線、X 線、紫外線、可視光線、赤外線、電波に分類されます。このことからも、アは紫外線と赤外線の間ですから、可視光線であることがわかります。

解答番号【18】：2　　⇒ 重要度 B

問3　地球に到達した太陽放射のうち、ガンマ線や X 線、紫外線、赤外線の一部は大気をつくる気体分子に吸収され地表まで到達しません（特に紫外線はオゾンに、赤外線は水蒸気や二酸化炭素によって主に吸収されます）。また太陽放射の一部は雲や大気によって反射・散乱されます。その結果、地球大気の上端で受ける太陽放射のエネルギー量に比べ、

地表で受ける太陽放射のエネルギー量は小さくなってしまうのです。このことから、①〜③は正しい記述で、したがって、正解は④となります。大気の影響で電磁波の速度は遅くなりますが、弱まることはありません。

解答番号【19】：4　　⇒ 重要度 A

問 4　地球が受ける太陽放射の総量は、地球の断面積が受ける太陽放射の量に太陽定数をかけたものになります。太陽放射を受けるのは地球の昼側の半球で、表面積でいえば半分にあたりますが、太陽定数は $1m^2$ の平面に太陽が垂直に 1 秒間入射したときのエネルギー量ですから、緯度が高くなればなるほど地表に対し太陽放射が斜めに入射するため、受けるエネルギー量は太陽定数に比べ弱くなります。結果として断面積が受ける太陽放射の量と等しくなるのです。したがって、正解は③となります。

解答番号【20】：3　　⇒ 重要度 C

令和2年度 第1回
高卒認定試験

地学基礎

解答時間　50 分

地　学　基　礎

$$\left(\text{解答番号}\ \boxed{1}\ \sim\ \boxed{20}\right)$$

1 太陽の表面現象に関する問1〜問4に答えよ。

　　太陽はX線・紫外線・可視光線・赤外線など様々な波長の電磁波を放射している。図1は
　　　 ア 　 という爆発現象（矢印）が発生したときの太陽を紫外線でとらえたものである。この爆発
が発生すると，太陽から放射されている電磁波や太陽風が強まり，地球の大気圏が影響を受けて
　　　　　　　　　　　　　　　　　　　　　　　　　(a)
様々な現象が引き起こされる。
(b)

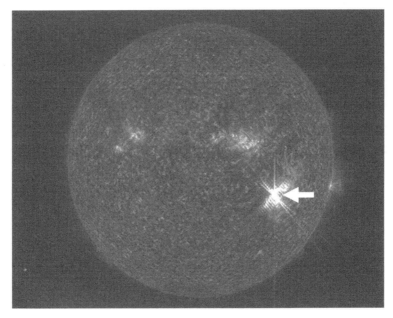

図1　紫外線で撮影した太陽表面の爆発現象

(https://scienceportal.jst.go.jp/ により作成)

問1　文中の　 ア 　に入る爆発現象の名称として最も適当なものを，次の①〜④のうちから一
　　つ選べ。解答番号は 1 。

① フレア

② スペクトル

③ 白斑

④ 超新星爆発

問2　下線部太陽風の説明として最も適当なものを，次の①～④のうちから一つ選べ。
　　　(a)
　　　解答番号は　2　。

①　太陽表面から放出される陽子，原子核，電子などの荷電粒子の流れ

②　太陽表面から放出される水素や酸素など気体分子の流れ

③　太陽の活動で吹き飛ばされた惑星大気の気体分子の流れ

④　太陽の活動で吹き飛ばされた宇宙空間に漂っている固体粒子の流れ

問3　太陽と地球の距離を1億5000万 km，電磁波の平均の速さを30万 km/秒としたとき，電磁波が太陽から放射されてから地球に到達するまでにかかる時間として最も適当なものを，次の①～④のうちから一つ選べ。解答番号は　3　。

①　5秒

②　8秒

③　5分

④　8分

問4　下線部様々な現象の一つにデリンジャー現象がある。デリンジャー現象の説明として最も
　　　(b)
　　　適当なものを，次の①～④のうちから一つ選べ。解答番号は　4　。

①　地球に到達するX線や紫外線が強まることで，通信障害が発生する。

②　地球に到達するX線や紫外線が強まることで，オーロラの活動が活発になる。

③　地球に到達する可視光線や赤外線が強まることで，通信障害が発生する。

④　地球に到達する可視光線や赤外線が強まることで，オーロラの活動が活発になる。

2 　地球の形や大きさに関する**問1～問4**に答えよ。

　地球の形や大きさは，紀元前から調べられていた。紀元前230年ごろ，エラトステネスは，ナイル川中流のシエネ（現在のアスワン）と，地中海沿岸のアレキサンドリアに関する次の二つの事実を知り，**図1**のようなモデルを考えて地球の大きさを計算した。

　［1］「シエネでは夏至の日の正午に深い井戸の底まで太陽光線が届く。」

　［2］「900 km 離れたアレキサンドリアでは，夏至の日の正午に太陽光線が地面に垂直な方向より 7.2° 斜めに入る。」

　また，18世紀には，フランスの学士院による緯度差1°に対する子午線の長さの測量から，地球の形は球ではなく　ア　方向に膨らんだ回転楕円体に近いことがわかった。この測量では，子午線の方向に移動しながら，星の高度が1°変化するまでの距離を測定した。極付近のほうが赤道付近に比べて楕円の曲がりの度合いがゆるやかなため，極付近での星の高度が1°変化するまでの距離は赤道付近に比べて　イ　値であった。

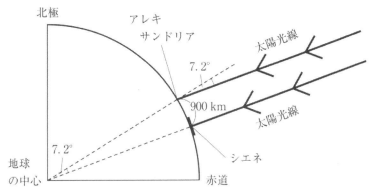

図1　エラトステネスが考えた地球と太陽光線の関係

問1　文中の事実［1］「シエネでは夏至の日の正午に深い井戸の底まで太陽光線が届く。」について，エラトステネスが**図1**のように考えた理由として最も適当なものを，次の①～④のうちから一つ選べ。解答番号は　5　。

① 太陽光線が地面に垂直な方向より 23.4° 斜めに入ってくると考えた。

② 太陽光線が地面に垂直な方向より 60° 斜めに入ってくると考えた。

③ 太陽光線が地面に垂直に入ってくると考えた。

④ 太陽光線が地面に平行に入ってくると考えた。

問 2 図1で，エラトステネスは，アレキサンドリアとシエネの位置関係をどのように考えたか。最も適当なものを，次の①〜④のうちから一つ選べ。解答番号は ┃ 6 ┃ 。

① 2地点が同じプレート上にあると考えた。

② 2地点が北回帰線上にあると考えた。

③ 2地点が南回帰線上にあると考えた。

④ 2地点が同じ経線上にあると考えた。

問 3 図1のように，アレキサンドリアとシエネの距離を900 km とし，2地点の太陽高度の差を 7.2° とした場合，地球の全周は何 km になるか。最も適当なものを，次の①〜④のうちから一つ選べ。解答番号は ┃ 7 ┃ 。

① 35000 km

② 40000 km

③ 45000 km

④ 50000 km

問 4 文中の ┃ ア ┃ と ┃ イ ┃ に入る語句の組合せとして最も適当なものを，次の①〜④のうちから一つ選べ。解答番号は ┃ 8 ┃ 。

	ア	イ
①	赤道	大きい
②	赤道	小さい
③	極	大きい
④	極	小さい

3 火山に関する**問1**〜**問4**に答えよ。

　日本には世界の約7％を占める多数の活火山が存在している。火山の噴火の様式や山体の形状は<u>マグマの粘性</u>によって決まる。**図1**は，日本列島周辺の主な火山の分布と海溝・トラフの位置関係を示している。

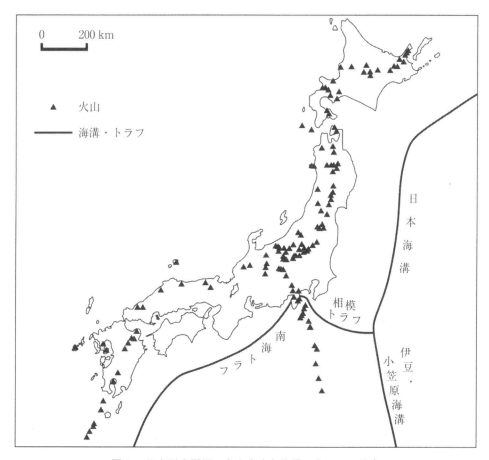

図1　日本列島周辺の主な火山と海溝・トラフの分布

問1　下線部<u>マグマの粘性</u>について，マグマの粘性が最も低くなる組合せを，次の①〜④のうちから一つ選べ。解答番号は　9　。

① 二酸化ケイ素の割合が多く，温度が高いマグマ

② 二酸化ケイ素の割合が多く，温度が低いマグマ

③ 二酸化ケイ素の割合が少なく，温度が高いマグマ

④ 二酸化ケイ素の割合が少なく，温度が低いマグマ

問 2　マグマについて述べた文として最も適当なものを，次の①～④のうちから一つ選べ。

解答番号は　10　。

① マグマが発生する場所はプレート境界だけである。

② 日本にある火山が噴出するマグマの種類は，どの火山も同じである。

③ 中央海嶺付近では，流紋岩質のマグマを噴出することが多い。

④ マグマの上昇は，周囲の岩石との密度差によって起こる。

問 3　火山の形状や特徴について述べた文として最も適当なものを，次の①～④のうちから一つ選べ。解答番号は　11　。

① 盾状火山は傾斜がきつく，標高は富士山を超えることはない。

② 成層火山は溶岩流と火山砕屑物が交互に積み重なり，円錐形の形状を持つ。

③ 噴火によってできた陥没地形を，ホットスポットという。

④ 溶岩ドームは粘性の低いマグマによって形成される。

問 4　図1から読み取ることができる火山分布の特徴について述べた文として最も適当なものを，次の①～④のうちから一つ選べ。解答番号は　12　。

① 中国地方の火山は相模トラフとほぼ平行に分布している。

② 東北地方の火山は日本海溝とほぼ平行に分布している。

③ 四国地方には多数の火山が分布している。

④ 北海道・九州地方の火山分布は海溝・トラフの位置と関連しない。

令和2年度第1回試験

4 生物の変遷と環境の変化に関する**問1**～**問4**に答えよ。

多くの種類の生物が短い期間に地球上から姿を消すことを大量絶滅という。**図1**は過去に起こった**ア**～**オ**の5回の大量絶滅の時期と，生物の種類の数の変化を示している。図の縦軸の科は生物分類の単位の一つである(生物は界・門・綱・目・科・属・種の順に細分される)。

令和2年度第1回試験

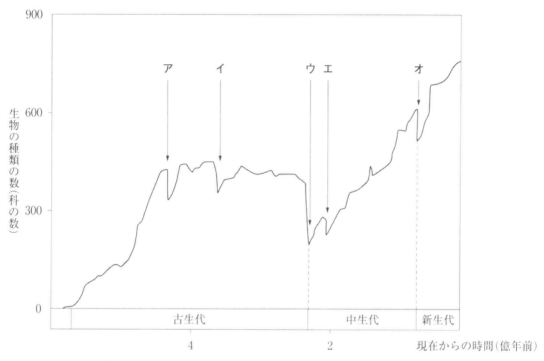

図1　生物の種類の数の変化(Raup and Sepkoski(1984)により作成)

問1　**図1**の**ア**～**ウ**の期間に起こったできごととして最も適当なものを，次の**①**～**④**のうちから一つ選べ。解答番号は　13　。

① シダ植物の森林形成

② 鳥類の出現

③ 恐竜の巨大化

④ 被子植物の繁栄

問2　図1のウ～オの期間に繁栄した生物の化石として最も適当なものを，次の①～④のうちから一つ選べ。解答番号は　14　。

①
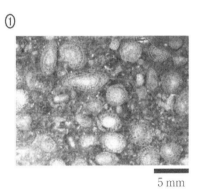
5 mm

②

5 cm

③

1 cm

④

2 cm

問3　図1のオの時期の絶滅について述べた文として最も適当なものを，次の①～④のうちから一つ選べ。解答番号は　15　。

① 生物の種類が急増したことにより食物連鎖が崩れ，生物の種類の多くが失われた。

② 全地球凍結（スノーボールアース）が起こり，生物の種類の多くが失われた。

③ 火山活動の活発化により温暖化が進み，生物の種類の多くが失われた。

④ 隕石の衝突による環境の激変で，生物の種類の多くが失われた。

問4　図1のオの時期より後に初めて繁栄した脊椎動物の特徴として最も適当なものを，次の①～④のうちから一つ選べ。解答番号は　16　。

① 水中に生息し，体の表面にうろこを持っている。

② 胎生で，母乳により子を育てる。

③ 硬い外骨格を持ち，体は節で分かれている。

④ 水辺に生息し，幼生期に鰓を持っている。

5 海洋に関する問1〜問4に答えよ。

　海水の塩分組成は，どの海域でもほぼ同じであり，塩化ナトリウムが最も多く，次に塩化マグネシウムが多い。しかし，塩分(塩分濃度)は海域によって異なる。低緯度から中緯度にかけては_(a)蒸発量と降水量の差が，高緯度では海面の結氷や流氷の融氷が，塩分濃度を左右する。

　海水の温度は，一般的には緯度や季節によって変化する。海面からある程度の深さまでは風や_(b)波によって混ぜられるため，深さによる温度差が少ない。これを表層混合層という。その下には，水温が急激に変化する層があり，これを水温躍層(主水温躍層)という。さらに深くなると水深による温度変化がほとんどなくなり，これを深層と呼んでいる。

　水深400mまでの海水には，図1に示すような海流と呼ばれる流れがある。海流は　ア　や，地球の自転の影響によって生じると考えられている。

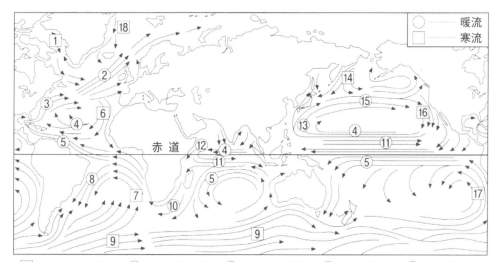

1 ラブラドル海流　2 北大西洋海流　3 メキシコ湾流　4 北赤道海流　5 南赤道海流
6 カナリア海流　7 ベンゲラ海流　8 ブラジル海流　9 南極環流　10 アグルハス海流
11 赤道反流　12 北東季節風海流　13 黒潮　14 親潮　15 北太平洋海流
16 カリフォルニア海流　17 ペルー海流　18 東グリーンランド海流

図1　世界の海流

問1　下線部塩分(塩分濃度)について，海水1kgに含まれる塩分量として最も適当なものを，_(a)次の①〜④のうちから一つ選べ。解答番号は　17　。

① 0.35g

② 3.5g

③ 35g

④ 350g

問2　下線部海水の温度について，極域，温帯，熱帯における水温の鉛直構造を示した図として
(b)
最も適当なものを，次の①～④のうちから一つ選べ。なお，四つの図において水温と水深の
目盛りはそれぞれ異なっている。解答番号は　18　。

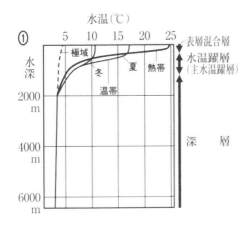
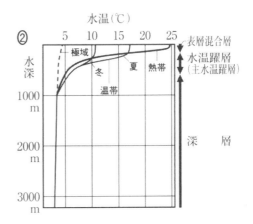
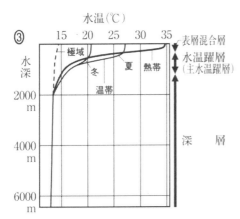
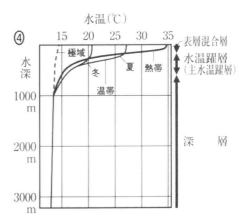

問3　図1からわかることを述べた文として誤っているものを，次の①～④のうちから一つ選
べ。解答番号は　19　。
①　太平洋・大西洋などの大洋には，北半球は時計回り，南半球は反時計回りの循環がある。
②　太平洋・大西洋などの大洋の西側には暖流が，東側には寒流が存在する。
③　南極大陸の周囲には，南極大陸を一周する東に向かう海流がある。
④　北赤道海流⑭は貿易風帯を東に向かって，北太平洋海流⑮は偏西風帯を西に向かって
流れている。

問4　文中の空欄　ア　に入る，海流を引き起こす原因として最も適当なものを，次の①～④
のうちから一つ選べ。解答番号は　20　。
①　海上を吹く大規模な風
②　海上での大規模な降水
③　海面付近の水温の南北差
④　海面付近の塩分の南北差

令和2年度　第1回

解答・解説

令和 2 年度　第 1 回　高卒認定試験

【　解　答　】

1	解答番号	正答	配点	2	解答番号	正答	配点	3	解答番号	正答	配点	4	解答番号	正答	配点	5	解答番号	正答	配点
問 1	1	①	5	問 1	5	③	5	問 1	9	③	5	問 1	13	①	5	問 1	17	③	5
問 2	2	①	5	問 2	6	④	5	問 2	10	④	5	問 2	14	②	5	問 2	18	②	5
問 3	3	④	5	問 3	7	③	5	問 3	11	②	5	問 3	15	④	5	問 3	19	④	5
問 4	4	①	5	問 4	8	①	5	問 4	12	②	5	問 4	16	②	5	問 4	20	①	5

【　解　説　】

1

問 1　図 1 の画像のような太陽表面における爆発現象を（太陽）フレアといいます。したがって、正解は①となります。②のスペクトルは天体からの光を波長ごとに分けたもの（いわゆる "虹"）、③の白斑は太陽表面にまだらに広がる明るい領域で、周囲より温度が高い領域です。④の超新星爆発は主に太陽の 8 倍以上の質量を持つ恒星が一生の最期に引き起こす大爆発のことです。星全体が爆発して吹き飛ぶため、フレアに比べ規模が桁違いに大きい現象です。

解答番号【1】：1　　⇒ 重要度 A

問 2　太陽風とは、太陽表面から放出される電気を帯びた粒子の流れです。その主成分は水素とヘリウムですが、非常に高温のため原子は原子核（水素の場合は陽子）と電子に分かれてプラズマと呼ばれる状態になっています。したがって、正解は①となります。②について、太陽の表面は高温のため、基本的には水素や酸素は分子として存在できません。③について、たしかに太陽の活動によって惑星の大気ははぎ取られ、大気をつくる気体分子は宇宙空間へと流出していますが、その原因が太陽風なのであって、惑星大気の気体分子の流れ自体は太陽風とは呼びません。④について、例えば彗星の尾は太陽の活動によって吹き飛ばされた固体粒子（塵）やプラズマの流れですが、これも③同様、原因は太陽風ですが、太陽風そのものではありません。なお、彗星から放出された塵は細いチューブ状の流れを作り太陽のまわりを公転します。これをダストトレイルと呼び、地球の軌道とダストトレイルが交差していると地球大気中に塵が高速で飛び込み、発光して流星群として観察されます。

解答番号【2】：1　　⇒ 重要度 A

問 3　太陽〜地球間距離÷電磁波の平均の速さで電磁波が太陽から地球に到達するまでにかかる時間が計算できます。すなわち、1 億 5000 万 [km] ÷ 30 万 [km/ 秒] ＝ 500[秒] となり、60 秒が 1 分であることから 500 秒は 8 分 20 秒となります。したがって、正解は④となります。

解答番号【3】：4　　⇒ 重要度 B

問4　デリンジャー現象とは、太陽フレアによって強力なX線や紫外線が放出され、それらが地球に到達することで地球大気中の電離層の電子密度が増大し主に短波通信に障害が発生することをいいます。したがって、正解は①となります。②や④について、たしかに太陽フレアが発生するとオーロラの活動も活発化しますが、オーロラの発生原因は太陽風であって、X線や紫外線、可視光線、赤外線といった電磁波ではありません。③について、太陽フレアによって可視光線や赤外線が強まることもありますが、それによって地球の大気が影響を受けることはほとんどありません。

解答番号【4】：1　　⇒ 重要度B

2

問1　井戸は基本的に地面に対して垂直に掘られます。太陽光が深い井戸の底まで届くということは、太陽が井戸の直上にあり、そこから真っ直ぐに、すなわち地面に対して垂直に光が入ってくることを意味します。したがって、正解は③となります。

解答番号【5】：3　　⇒ 重要度A

問2　エラトステネスが活躍した時代には、すでに地球がおおよそ球形であることは知られていました。事実[1]と[2]より、同じ日にシエネでは太陽が頭の真上にあり、アレキサンドリアではそうではないことがわかります。このことから、2地点の緯度が異なり、かつ地球の大きさを計算するためには2地点がちょうど南北に並んでいる、すなわち経度が等しいと考える必要があります。したがって、正解は④となります。②と③について、北回帰線は緯度が北緯23.4度の緯線、南回帰線は緯度が南緯23.4度の緯線ですから、シエネとアレキサンドリアが同線上にあると緯度が等しくなってしまいます。よって②と③は誤りです。①について、地球の表面がプレートという固い岩盤に覆われているという考え方は20世紀になって登場したもので、紀元前にはありませんでした。よって①も誤りです。

解答番号【6】：4　　⇒ 重要度C

問3　アレキサンドリアとシエネの2地点の太陽高度の差は、2地点の緯度差に等しくなります。地球を完全な球体と仮定すると、円周は360度ですから、太陽高度の差＝緯度差7.2度は、7.2 ÷ 360 = 0.02、すなわち地球全周の50分の1ということになります。アレキサンドリアとシエネの距離が900kmということは、地球の全周はその50倍ということになりますから、900×50＝45,000kmと求まります。したがって、正解は③となります。

解答番号【7】：3　　⇒ 重要度A

問4　地球は自転によって赤道方向がわずかに膨らんだ回転楕円体に近い形をしています。そのため、緯度が高くなればなるほど経線の曲がり具合はゆるやかになるため、より長く移動しないと星の高度が変化しません。したがって、正解は①となります。なお、地球が赤道方向に膨らんでいるのは、自転に伴う遠心力によるものです。遠心力の大きさは回転軸に対し垂直な方向に最大となります。つまり、赤道方向で遠心力の大きさが最大となり、北極や南極では遠心力の大きさが0となります。地球は遠心力に引っ張られることで、赤道方向にわずかに膨らんでいるのです。

解答番号【8】：1　　⇒ 重要度B

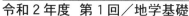

3

問1　マグマの粘性は、含まれる二酸化ケイ素の量が少ないほど、またマグマの温度が高い
ほど低くなります。したがって、正解は③となります。マグマは二酸化ケイ素の含有量
が低い順に玄武岩質マグマ、安山岩質マグマ、流紋岩質マグマに分類されます。つまり
玄武岩質マグマが最も粘性が低いマグマということになります。

解答番号【9】：3　　⇒ 重要度 A

問2　マグマは、マントルをつくる岩石（固体）の温度がなんらかのきっかけで周囲より高
温になり、軽くなって上昇した結果、圧力が下がって融けることで生じます。発生場所
はプレート境界に限りません。図1を見てもわかる通り、日本の火山はむしろプレート
境界上にありません。よって①は誤りです。プレート境界には"離れる"境界＝海嶺、"近
づく"境界＝海溝など、"すれ違う"境界＝トランスフォーム断層がありますが、このう
ちマグマが発生するのは海嶺だけです。日本にある火山も様々な種類のマグマを噴出し
ます。例えば富士山や三原山（伊豆大島）は玄武岩質のマグマを出しますが、昭和新山（北
海道）や雲仙普賢岳（長崎県）は流紋岩質マグマを出します。よって②も誤りです。中
央海嶺をはじめとする海嶺付近では、主に玄武岩質マグマを噴出します。よって③も誤
りです。したがって、正解は④となります。液体であるマグマは固体である周囲の岩石
より密度が低く、その差によって地表へ向かって上昇していきます。地殻の最上部は密
度が低くマグマの上昇はいったん停滞してマグマだまりをつくりますが、その後、圧力
が下がったことでマグマに溶け込んでいた揮発性の成分が気体となって析出し、その結
果、一気に体積が膨張し、密度が下がって地表まで噴出します。

解答番号【10】：4　　⇒ 重要度 B

問3　盾状火山は粘性が低いマグマによってつくられるため、傾斜が非常に緩やかです。ハ
ワイ島のマウナケア山のように標高が富士山を超える火山も多数存在します。よって①
は誤りです。噴火によってできた陥没地形はカルデラと呼ばれます。よって③も誤りです。
日本には箱根（神奈川県）や阿蘇（熊本県）など多くのカルデラが分布しています。なお、
ホットスポットとは周囲に比べマントルの温度が高く、定常的にマグマが発生し地表に
噴出している場所をいいます。溶岩ドームは粘性が高い水飴のようなマグマが押し出さ
れることでつくられる火山地形です。よって④も誤りです。したがって、正解は②とな
ります。成層火山の代表が富士山で、非常に美しい円錐形をしています。

解答番号【11】：2　　⇒ 重要度 B

問4　図1より、中国地方の火山は相模トラフではなく南海トラフと平行に分布しています。
よって①は誤りです。また四国地方には火山がまったくありません。よって③も誤りで
す。北海道の火山はおおむね日本海溝に沿って、九州の火山はおおむね南海トラフに沿っ
て分布しています。よって④も誤りです。したがって、正解は②となります。東北地方
に限らず、火山は海溝やトラフに沿って、かつ一定の距離だけ離れて分布しているよう
に見えますが、これを火山フロント（火山前線）といいます。

解答番号【12】：2　　⇒ 重要度 A

4

問1 　①のシダ植物の森林形成は古生代の石炭紀、②の鳥類の出現は中生代のジュラ紀、③の恐竜の巨大化も中生代のジュラ紀、④の被子植物の繁栄は中生代の白亜紀です。したがって、正解は①となります。

　　　解答番号【13】：1　　　⇒ **重要度A**

問2 　①のフズリナは古生代の、②のアンモナイトは中生代の、③の三葉虫は古生代の、④のビカリアは新生代第三紀のそれぞれ示準化石です。したがって、②が正解となります。

　　　解答番号【14】：2　　　⇒ **重要度A**

問3 　オは中生代と新生代の境界にあたる大量絶滅で、恐竜や翼竜など大型の爬虫類などが絶滅しました。この時代の地層中からは、地球上にはあまり存在しないものの隕石には多く含まれるイリジウムという元素が検出されています。また、同時期につくられたと見られるクレーターがメキシコのユカタン半島付近に発見されています。これらのことから、この大量絶滅は隕石の落下による環境の激変が原因だと考えられています。したがって、④が正解となります。

　　　解答番号【15】：4　　　⇒ **重要度C**

問4 　オの時期以降に初めて繁栄した脊椎動物は哺乳類です。したがって、正解は②となります。①の特徴は魚類のものですが、魚類が繁栄し始めたのは古生代デボン紀です。③の特徴は節足動物の一部（昆虫類や甲殻類など）のもので、それらは脊椎動物ではありません。④の特徴は両生類のものですが、両生類が繁栄し始めたのは古生代石炭紀のことです。

　　　解答番号【16】：2　　　⇒ **重要度B**

5

問1 　海水の平均的な塩分濃度は約3.5％です。海水1kgあたりでは、$1 \times 0.035 = 0.035$ kg＝35gとなります。したがって、正解は③となります。

　　　解答番号【17】：3　　　⇒ **重要度A**

問2 　海洋の表層の水温は、熱帯域で約25℃、温帯域の夏期で約17℃、温帯域の冬期で約11℃、極域で約5℃です。そしてどの海域でも、水深が1,000m以下になるとほぼ水温が一定（約4℃）となります。したがって、正解は②となります。

　　　解答番号【18】：2　　　⇒ **重要度A**

問3 　図1より、太平洋や大西洋などの大洋には、北半球で時計回り、南半球で反時計回りの循環が見られます。よって①は正しい記述です。また太平洋や大西洋などの大洋では、西側に暖流（太平洋の場合は⑬黒潮、大西洋の場合は③メキシコ湾流や⑧ブラジル海流）が、東側に寒流（太平洋の場合は⑯カリフォルニア海流や⑰ペルー海流、大西洋の場合は⑥カナリア海流や⑦ベンゲラ海流）が存在します。よって②も正しい記述です。図1には南極大陸は描かれていませんが、図の下方に西から東に流れる⑨南極環流が存在し

ます。これはその名の如く南極大陸を一周していることが図1から読み取れます。よって③も正しい記述です。④北赤道海流は、貿易風帯を西から東に向かって流れ、⑮北太平洋海流は偏西風帯を西から東に向かって流れていることが図1から読み取れます。よって④の記述は誤りであり、したがって、正解は④となります。

解答番号【19】：4　　　⇒ 重要度C

問4　海流が生じる原因は、主に貿易風や偏西風といった海上に吹く大規模な風と地球の自転の影響（コリオリ力など）です。したがって、正解は①となります。②の海上での降水は海流にはまったく影響を与えません。③と④でも海水の流れは生じますが、これらは表層の海流ではなく深層における海水の流れの原因となっています。

解答番号【20】：1　　　⇒ 重要度B

第 回 高等学校卒業程度認定試験

地学基礎 解答用紙

氏 名

(注意事項)

1. 記入はすべてHBまたはHBの黒色鉛筆を使用してください。
2. 訂正するときは、プラスチックの消しゴムで丁寧に消し、消しくずを残さないでください。
3. 所定の記入欄以外には何も記入しないでください。
4. 解答用紙を汚したり、折り曲げたりしないでください。
5. マーク例   良い例 ●   悪い例 ◐ ◑ ◒ ◓ ◔ ◦ ◯ ◎

受験地

北海道 ○ 青森 ○ 岩手 ○ 宮城 ○ 秋田 ○ 山形 ○ 福島 ○ 茨城 ○ 栃木 ○ 群馬 ○ 埼玉 ○ 千葉 ○ 東京 ○ 神奈川 ○ 新潟 ○ 富山 ○ 石川 ○ 福井 ○ 山梨 ○ 長野 ○ 岐阜 ○ 静岡 ○ 愛知 ○ 三重 ○ 滋賀 ○ 京都 ○ 大阪 ○ 兵庫 ○ 奈良 ○ 和歌山 ○ 鳥取 ○ 島根 ○ 岡山 ○ 広島 ○ 山口 ○ 徳島 ○ 香川 ○ 愛媛 ○ 高知 ○ 福岡 ○ 佐賀 ○ 長崎 ○ 熊本 ○ 大分 ○ 宮崎 ○ 鹿児島 ○ 沖縄 ○

生年月日 ⇒

年号						
明治 (M)	⓪ ① ② ③ ④ ⑤ ⑥ ⑦ ⑧ ⑨
大正 (T)	⓪ ① ② ③
昭和 (S)	⓪ ① ② ③ ④ ⑤ ⑥ ⑦ ⑧ ⑨
平成 (H)	⓪ ①
	⓪ ① ② ③ ④ ⑤ ⑥ ⑦ ⑧ ⑨
	① ② ③ ④ ⑤ ⑥ ⑦ ⑧ ⑨

受験番号 ⇒

⓪ ① ② ③ ④ ⑤ ⑥ ⑦ ⑧ ⑨
⓪ ① ② ③ ④ ⑤ ⑥ ⑦ ⑧ ⑨
⓪ ① ② ③ ④ ⑤ ⑥ ⑦ ⑧ ⑨
⓪ ① ② ③ ④ ⑤ ⑥ ⑦ ⑧ ⑨
①

解答欄

解答番号	解 答 欄 1 2 3 4 5 6 7 8 9 0
1	① ② ③ ④ ⑤ ⑥ ⑦ ⑧ ⑨ ⓪
2	① ② ③ ④ ⑤ ⑥ ⑦ ⑧ ⑨ ⓪
3	① ② ③ ④ ⑤ ⑥ ⑦ ⑧ ⑨ ⓪
4	① ② ③ ④ ⑤ ⑥ ⑦ ⑧ ⑨ ⓪
5	① ② ③ ④ ⑤ ⑥ ⑦ ⑧ ⑨ ⓪
6	① ② ③ ④ ⑤ ⑥ ⑦ ⑧ ⑨ ⓪
7	① ② ③ ④ ⑤ ⑥ ⑦ ⑧ ⑨ ⓪
8	① ② ③ ④ ⑤ ⑥ ⑦ ⑧ ⑨ ⓪
9	① ② ③ ④ ⑤ ⑥ ⑦ ⑧ ⑨ ⓪
10	① ② ③ ④ ⑤ ⑥ ⑦ ⑧ ⑨ ⓪
11	① ② ③ ④ ⑤ ⑥ ⑦ ⑧ ⑨ ⓪
12	① ② ③ ④ ⑤ ⑥ ⑦ ⑧ ⑨ ⓪
13	① ② ③ ④ ⑤ ⑥ ⑦ ⑧ ⑨ ⓪
14	① ② ③ ④ ⑤ ⑥ ⑦ ⑧ ⑨ ⓪
15	① ② ③ ④ ⑤ ⑥ ⑦ ⑧ ⑨ ⓪

解答番号	解 答 欄 1 2 3 4 5 6 7 8 9 0
16	① ② ③ ④ ⑤ ⑥ ⑦ ⑧ ⑨ ⓪
17	① ② ③ ④ ⑤ ⑥ ⑦ ⑧ ⑨ ⓪
18	① ② ③ ④ ⑤ ⑥ ⑦ ⑧ ⑨ ⓪
19	① ② ③ ④ ⑤ ⑥ ⑦ ⑧ ⑨ ⓪
20	① ② ③ ④ ⑤ ⑥ ⑦ ⑧ ⑨ ⓪
21	① ② ③ ④ ⑤ ⑥ ⑦ ⑧ ⑨ ⓪
22	① ② ③ ④ ⑤ ⑥ ⑦ ⑧ ⑨ ⓪
23	① ② ③ ④ ⑤ ⑥ ⑦ ⑧ ⑨ ⓪
24	① ② ③ ④ ⑤ ⑥ ⑦ ⑧ ⑨ ⓪
25	① ② ③ ④ ⑤ ⑥ ⑦ ⑧ ⑨ ⓪
26	① ② ③ ④ ⑤ ⑥ ⑦ ⑧ ⑨ ⓪
27	① ② ③ ④ ⑤ ⑥ ⑦ ⑧ ⑨ ⓪
28	① ② ③ ④ ⑤ ⑥ ⑦ ⑧ ⑨ ⓪
29	① ② ③ ④ ⑤ ⑥ ⑦ ⑧ ⑨ ⓪
30	① ② ③ ④ ⑤ ⑥ ⑦ ⑧ ⑨ ⓪

解答番号	解 答 欄 1 2 3 4 5 6 7 8 9 0
31	① ② ③ ④ ⑤ ⑥ ⑦ ⑧ ⑨ ⓪
32	① ② ③ ④ ⑤ ⑥ ⑦ ⑧ ⑨ ⓪
33	① ② ③ ④ ⑤ ⑥ ⑦ ⑧ ⑨ ⓪
34	① ② ③ ④ ⑤ ⑥ ⑦ ⑧ ⑨ ⓪
35	① ② ③ ④ ⑤ ⑥ ⑦ ⑧ ⑨ ⓪
36	① ② ③ ④ ⑤ ⑥ ⑦ ⑧ ⑨ ⓪
37	① ② ③ ④ ⑤ ⑥ ⑦ ⑧ ⑨ ⓪
38	① ② ③ ④ ⑤ ⑥ ⑦ ⑧ ⑨ ⓪
39	① ② ③ ④ ⑤ ⑥ ⑦ ⑧ ⑨ ⓪
40	① ② ③ ④ ⑤ ⑥ ⑦ ⑧ ⑨ ⓪
41	① ② ③ ④ ⑤ ⑥ ⑦ ⑧ ⑨ ⓪
42	① ② ③ ④ ⑤ ⑥ ⑦ ⑧ ⑨ ⓪
43	① ② ③ ④ ⑤ ⑥ ⑦ ⑧ ⑨ ⓪
44	① ② ③ ④ ⑤ ⑥ ⑦ ⑧ ⑨ ⓪
45	① ② ③ ④ ⑤ ⑥ ⑦ ⑧ ⑨ ⓪

- - - - キリトリ線 - - - -

第　回　高等学校卒業程度認定試験

地学基礎　解答用紙

氏　名

良い例	悪い例
●	

受験地	
北海道 ○	滋賀 ○
青森 ○	京都 ○
岩手 ○	大阪 ○
宮城 ○	兵庫 ○
秋田 ○	奈良 ○
山形 ○	和歌山 ○
福島 ○	鳥取 ○
茨城 ○	島根 ○
栃木 ○	岡山 ○
群馬 ○	広島 ○
埼玉 ○	山口 ○
千葉 ○	徳島 ○
東京 ○	香川 ○
神奈川 ○	愛媛 ○
新潟 ○	高知 ○
富山 ○	福岡 ○
石川 ○	佐賀 ○
福井 ○	長崎 ○
山梨 ○	熊本 ○
長野 ○	大分 ○
岐阜 ○	宮崎 ○
静岡 ○	鹿児島 ○
愛知 ○	沖縄 ○
三重 ○	

受験番号 ⇒

生年月日 ⇒

年号	
明治 M	
大正 T	
昭和 S	
平成 H	

解答番号	解答欄 1 2 3 4 5 6 7 8 9 0
1	①②③④⑤⑥⑦⑧⑨⓪
2	①②③④⑤⑥⑦⑧⑨⓪
3	①②③④⑤⑥⑦⑧⑨⓪
4	①②③④⑤⑥⑦⑧⑨⓪
5	①②③④⑤⑥⑦⑧⑨⓪
6	①②③④⑤⑥⑦⑧⑨⓪
7	①②③④⑤⑥⑦⑧⑨⓪
8	①②③④⑤⑥⑦⑧⑨⓪
9	①②③④⑤⑥⑦⑧⑨⓪
10	①②③④⑤⑥⑦⑧⑨⓪
11	①②③④⑤⑥⑦⑧⑨⓪
12	①②③④⑤⑥⑦⑧⑨⓪
13	①②③④⑤⑥⑦⑧⑨⓪
14	①②③④⑤⑥⑦⑧⑨⓪
15	①②③④⑤⑥⑦⑧⑨⓪

解答番号	解答欄 1 2 3 4 5 6 7 8 9 0
16	①②③④⑤⑥⑦⑧⑨⓪
17	①②③④⑤⑥⑦⑧⑨⓪
18	①②③④⑤⑥⑦⑧⑨⓪
19	①②③④⑤⑥⑦⑧⑨⓪
20	①②③④⑤⑥⑦⑧⑨⓪
21	①②③④⑤⑥⑦⑧⑨⓪
22	①②③④⑤⑥⑦⑧⑨⓪
23	①②③④⑤⑥⑦⑧⑨⓪
24	①②③④⑤⑥⑦⑧⑨⓪
25	①②③④⑤⑥⑦⑧⑨⓪
26	①②③④⑤⑥⑦⑧⑨⓪
27	①②③④⑤⑥⑦⑧⑨⓪
28	①②③④⑤⑥⑦⑧⑨⓪
29	①②③④⑤⑥⑦⑧⑨⓪
30	①②③④⑤⑥⑦⑧⑨⓪

解答番号	解答欄 1 2 3 4 5 6 7 8 9 0
31	①②③④⑤⑥⑦⑧⑨⓪
32	①②③④⑤⑥⑦⑧⑨⓪
33	①②③④⑤⑥⑦⑧⑨⓪
34	①②③④⑤⑥⑦⑧⑨⓪
35	①②③④⑤⑥⑦⑧⑨⓪
36	①②③④⑤⑥⑦⑧⑨⓪
37	①②③④⑤⑥⑦⑧⑨⓪
38	①②③④⑤⑥⑦⑧⑨⓪
39	①②③④⑤⑥⑦⑧⑨⓪
40	①②③④⑤⑥⑦⑧⑨⓪
41	①②③④⑤⑥⑦⑧⑨⓪
42	①②③④⑤⑥⑦⑧⑨⓪
43	①②③④⑤⑥⑦⑧⑨⓪
44	①②③④⑤⑥⑦⑧⑨⓪
45	①②③④⑤⑥⑦⑧⑨⓪

第　回　高等学校卒業程度認定試験

地学基礎　解答用紙

氏　名

（注意事項）

1. 記入はすべてHBまたはHBの黒色鉛筆を使用してください。
2. 訂正するときは、プラスチックの消しゴムで丁寧に消し、消しくずを残さないでください。
3. 所定の記入欄以外には何も記入しないでください。
4. 解答用紙を汚したり、折り曲げたりしないでください。

5. マーク例

良い例	●	
悪い例	⊙ ◐ ◑ ◖ ◗	

生年月日 ⇒

年号					
明治Ⓜ 大正Ⓣ 昭和Ⓢ 平成Ⓗ	⓪①②③④⑤⑥⑦⑧⑨	⓪①②③	⓪①②③④⑤⑥⑦⑧⑨	⓪①	⓪①②③④⑤⑥⑦⑧⑨
					①②③④⑤⑥⑦⑧⑨

受験番号 ⇒

⓪①②③④⑤⑥⑦⑧⑨
⓪①②③④⑤⑥⑦⑧⑨
⓪①②③④⑤⑥⑦⑧⑨
⓪①②③④⑤⑥⑦⑧⑨
①

受験地

北海道 ○	滋賀 ○
青森 ○	京都 ○
岩手 ○	大阪 ○
宮城 ○	兵庫 ○
秋田 ○	奈良 ○
山形 ○	和歌山 ○
福島 ○	鳥取 ○
茨城 ○	島根 ○
栃木 ○	岡山 ○
群馬 ○	広島 ○
埼玉 ○	山口 ○
千葉 ○	徳島 ○
東京 ○	香川 ○
神奈川 ○	愛媛 ○
新潟 ○	高知 ○
富山 ○	福岡 ○
石川 ○	佐賀 ○
福井 ○	長崎 ○
山梨 ○	熊本 ○
長野 ○	大分 ○
岐阜 ○	宮崎 ○
静岡 ○	鹿児島 ○
愛知 ○	沖縄 ○
三重 ○	

解答番号	解　答　欄　1234567890
1	①②③④⑤⑥⑦⑧⑨⓪
2	①②③④⑤⑥⑦⑧⑨⓪
3	①②③④⑤⑥⑦⑧⑨⓪
4	①②③④⑤⑥⑦⑧⑨⓪
5	①②③④⑤⑥⑦⑧⑨⓪
6	①②③④⑤⑥⑦⑧⑨⓪
7	①②③④⑤⑥⑦⑧⑨⓪
8	①②③④⑤⑥⑦⑧⑨⓪
9	①②③④⑤⑥⑦⑧⑨⓪
10	①②③④⑤⑥⑦⑧⑨⓪
11	①②③④⑤⑥⑦⑧⑨⓪
12	①②③④⑤⑥⑦⑧⑨⓪
13	①②③④⑤⑥⑦⑧⑨⓪
14	①②③④⑤⑥⑦⑧⑨⓪
15	①②③④⑤⑥⑦⑧⑨⓪

解答番号	解　答　欄　1234567890
16	①②③④⑤⑥⑦⑧⑨⓪
17	①②③④⑤⑥⑦⑧⑨⓪
18	①②③④⑤⑥⑦⑧⑨⓪
19	①②③④⑤⑥⑦⑧⑨⓪
20	①②③④⑤⑥⑦⑧⑨⓪
21	①②③④⑤⑥⑦⑧⑨⓪
22	①②③④⑤⑥⑦⑧⑨⓪
23	①②③④⑤⑥⑦⑧⑨⓪
24	①②③④⑤⑥⑦⑧⑨⓪
25	①②③④⑤⑥⑦⑧⑨⓪
26	①②③④⑤⑥⑦⑧⑨⓪
27	①②③④⑤⑥⑦⑧⑨⓪
28	①②③④⑤⑥⑦⑧⑨⓪
29	①②③④⑤⑥⑦⑧⑨⓪
30	①②③④⑤⑥⑦⑧⑨⓪

解答番号	解　答　欄　1234567890
31	①②③④⑤⑥⑦⑧⑨⓪
32	①②③④⑤⑥⑦⑧⑨⓪
33	①②③④⑤⑥⑦⑧⑨⓪
34	①②③④⑤⑥⑦⑧⑨⓪
35	①②③④⑤⑥⑦⑧⑨⓪
36	①②③④⑤⑥⑦⑧⑨⓪
37	①②③④⑤⑥⑦⑧⑨⓪
38	①②③④⑤⑥⑦⑧⑨⓪
39	①②③④⑤⑥⑦⑧⑨⓪
40	①②③④⑤⑥⑦⑧⑨⓪
41	①②③④⑤⑥⑦⑧⑨⓪
42	①②③④⑤⑥⑦⑧⑨⓪
43	①②③④⑤⑥⑦⑧⑨⓪
44	①②③④⑤⑥⑦⑧⑨⓪
45	①②③④⑤⑥⑦⑧⑨⓪

- - - - - - キ リ ト リ 線 - - - - - -

第 回 高等学校卒業程度認定試験

地学基礎 解答用紙

氏 名

	良い例	●	悪い例	◐ ◍ ◉ ◖ ◒

受験番号 ⇒

生年月日 ⇒

受 験 地			
北海道 ○	滋 賀 ○		
青 森 ○	京 都 ○		
岩 手 ○	大 阪 ○		
宮 城 ○	兵 庫 ○		
秋 田 ○	奈 良 ○		
山 形 ○	和歌山 ○		
福 島 ○	鳥 取 ○		
茨 城 ○	島 根 ○		
栃 木 ○	岡 山 ○		
群 馬 ○	広 島 ○		
埼 玉 ○	山 口 ○		
千 葉 ○	徳 島 ○		
東 京 ○	香 川 ○		
神奈川 ○	愛 媛 ○		
新 潟 ○	高 知 ○		
富 山 ○	福 岡 ○		
石 川 ○	佐 賀 ○		
福 井 ○	長 崎 ○		
山 梨 ○	熊 本 ○		
長 野 ○	大 分 ○		
岐 阜 ○	宮 崎 ○		
静 岡 ○	鹿児島 ○		
愛 知 ○	沖 縄 ○		
三 重 ○			

解答番号	解 答 欄
1	1 2 3 4 5 6 7 8 9 0
2	1 2 3 4 5 6 7 8 9 0
3	1 2 3 4 5 6 7 8 9 0
4	1 2 3 4 5 6 7 8 9 0
5	1 2 3 4 5 6 7 8 9 0
6	1 2 3 4 5 6 7 8 9 0
7	1 2 3 4 5 6 7 8 9 0
8	1 2 3 4 5 6 7 8 9 0
9	1 2 3 4 5 6 7 8 9 0
10	1 2 3 4 5 6 7 8 9 0
11	1 2 3 4 5 6 7 8 9 0
12	1 2 3 4 5 6 7 8 9 0
13	1 2 3 4 5 6 7 8 9 0
14	1 2 3 4 5 6 7 8 9 0
15	1 2 3 4 5 6 7 8 9 0

解答番号	解 答 欄
16	1 2 3 4 5 6 7 8 9 0
17	1 2 3 4 5 6 7 8 9 0
18	1 2 3 4 5 6 7 8 9 0
19	1 2 3 4 5 6 7 8 9 0
20	1 2 3 4 5 6 7 8 9 0
21	1 2 3 4 5 6 7 8 9 0
22	1 2 3 4 5 6 7 8 9 0
23	1 2 3 4 5 6 7 8 9 0
24	1 2 3 4 5 6 7 8 9 0
25	1 2 3 4 5 6 7 8 9 0
26	1 2 3 4 5 6 7 8 9 0
27	1 2 3 4 5 6 7 8 9 0
28	1 2 3 4 5 6 7 8 9 0
29	1 2 3 4 5 6 7 8 9 0
30	1 2 3 4 5 6 7 8 9 0

解答番号	解 答 欄
31	1 2 3 4 5 6 7 8 9 0
32	1 2 3 4 5 6 7 8 9 0
33	1 2 3 4 5 6 7 8 9 0
34	1 2 3 4 5 6 7 8 9 0
35	1 2 3 4 5 6 7 8 9 0
36	1 2 3 4 5 6 7 8 9 0
37	1 2 3 4 5 6 7 8 9 0
38	1 2 3 4 5 6 7 8 9 0
39	1 2 3 4 5 6 7 8 9 0
40	1 2 3 4 5 6 7 8 9 0
41	1 2 3 4 5 6 7 8 9 0
42	1 2 3 4 5 6 7 8 9 0
43	1 2 3 4 5 6 7 8 9 0
44	1 2 3 4 5 6 7 8 9 0
45	1 2 3 4 5 6 7 8 9 0

年号	
明治 （M）	◯ ① ② ③ ④ ⑤ ⑥ ⑦ ⑧ ⑨
大正 （T）	◯ ① ② ③ ④ ⑤ ⑥ ⑦ ⑧ ⑨
昭和 （S）	◯ ① ② ③ ④ ⑤ ⑥ ⑦ ⑧ ⑨
平成 （H）	◯ ① ② ③ ④ ⑤ ⑥ ⑦ ⑧ ⑨

第　回　高等学校卒業程度認定試験

地学基礎　解答用紙

氏名

（注意事項）

1. 記入はすべてHBまたはHBの黒色鉛筆を使用してください。
2. 訂正するときは、プラスチックの消しゴムで丁寧に消し、消しくずを残さないでください。
3. 所定の記入欄以外には何も記入しないでください。
4. 解答用紙を汚したり、折り曲げたりしないでください。
5. マーク例

	良い例	悪い例
	●	◐ ⬤ ◑ ◓ ◒ ⊘

生年月日 ⇒

年号						
明治 Ⓜ 大正 Ⓣ 昭和 Ⓢ 平成 Ⓗ						

受験番号 ⇒

解答欄（解答番号 1〜15）

解答番号	解答欄 1 2 3 4 5 6 7 8 9 0
1	① ② ③ ④ ⑤ ⑥ ⑦ ⑧ ⑨ ⓪
2	① ② ③ ④ ⑤ ⑥ ⑦ ⑧ ⑨ ⓪
3	① ② ③ ④ ⑤ ⑥ ⑦ ⑧ ⑨ ⓪
4	① ② ③ ④ ⑤ ⑥ ⑦ ⑧ ⑨ ⓪
5	① ② ③ ④ ⑤ ⑥ ⑦ ⑧ ⑨ ⓪
6	① ② ③ ④ ⑤ ⑥ ⑦ ⑧ ⑨ ⓪
7	① ② ③ ④ ⑤ ⑥ ⑦ ⑧ ⑨ ⓪
8	① ② ③ ④ ⑤ ⑥ ⑦ ⑧ ⑨ ⓪
9	① ② ③ ④ ⑤ ⑥ ⑦ ⑧ ⑨ ⓪
10	① ② ③ ④ ⑤ ⑥ ⑦ ⑧ ⑨ ⓪
11	① ② ③ ④ ⑤ ⑥ ⑦ ⑧ ⑨ ⓪
12	① ② ③ ④ ⑤ ⑥ ⑦ ⑧ ⑨ ⓪
13	① ② ③ ④ ⑤ ⑥ ⑦ ⑧ ⑨ ⓪
14	① ② ③ ④ ⑤ ⑥ ⑦ ⑧ ⑨ ⓪
15	① ② ③ ④ ⑤ ⑥ ⑦ ⑧ ⑨ ⓪

解答欄（解答番号 16〜30）

解答番号	解答欄 1 2 3 4 5 6 7 8 9 0
16	① ② ③ ④ ⑤ ⑥ ⑦ ⑧ ⑨ ⓪
17	① ② ③ ④ ⑤ ⑥ ⑦ ⑧ ⑨ ⓪
18	① ② ③ ④ ⑤ ⑥ ⑦ ⑧ ⑨ ⓪
19	① ② ③ ④ ⑤ ⑥ ⑦ ⑧ ⑨ ⓪
20	① ② ③ ④ ⑤ ⑥ ⑦ ⑧ ⑨ ⓪
21	① ② ③ ④ ⑤ ⑥ ⑦ ⑧ ⑨ ⓪
22	① ② ③ ④ ⑤ ⑥ ⑦ ⑧ ⑨ ⓪
23	① ② ③ ④ ⑤ ⑥ ⑦ ⑧ ⑨ ⓪
24	① ② ③ ④ ⑤ ⑥ ⑦ ⑧ ⑨ ⓪
25	① ② ③ ④ ⑤ ⑥ ⑦ ⑧ ⑨ ⓪
26	① ② ③ ④ ⑤ ⑥ ⑦ ⑧ ⑨ ⓪
27	① ② ③ ④ ⑤ ⑥ ⑦ ⑧ ⑨ ⓪
28	① ② ③ ④ ⑤ ⑥ ⑦ ⑧ ⑨ ⓪
29	① ② ③ ④ ⑤ ⑥ ⑦ ⑧ ⑨ ⓪
30	① ② ③ ④ ⑤ ⑥ ⑦ ⑧ ⑨ ⓪

解答欄（解答番号 31〜45）

解答番号	解答欄 1 2 3 4 5 6 7 8 9 0
31	① ② ③ ④ ⑤ ⑥ ⑦ ⑧ ⑨ ⓪
32	① ② ③ ④ ⑤ ⑥ ⑦ ⑧ ⑨ ⓪
33	① ② ③ ④ ⑤ ⑥ ⑦ ⑧ ⑨ ⓪
34	① ② ③ ④ ⑤ ⑥ ⑦ ⑧ ⑨ ⓪
35	① ② ③ ④ ⑤ ⑥ ⑦ ⑧ ⑨ ⓪
36	① ② ③ ④ ⑤ ⑥ ⑦ ⑧ ⑨ ⓪
37	① ② ③ ④ ⑤ ⑥ ⑦ ⑧ ⑨ ⓪
38	① ② ③ ④ ⑤ ⑥ ⑦ ⑧ ⑨ ⓪
39	① ② ③ ④ ⑤ ⑥ ⑦ ⑧ ⑨ ⓪
40	① ② ③ ④ ⑤ ⑥ ⑦ ⑧ ⑨ ⓪
41	① ② ③ ④ ⑤ ⑥ ⑦ ⑧ ⑨ ⓪
42	① ② ③ ④ ⑤ ⑥ ⑦ ⑧ ⑨ ⓪
43	① ② ③ ④ ⑤ ⑥ ⑦ ⑧ ⑨ ⓪
44	① ② ③ ④ ⑤ ⑥ ⑦ ⑧ ⑨ ⓪
45	① ② ③ ④ ⑤ ⑥ ⑦ ⑧ ⑨ ⓪

受験地

北海道 ○　青森 ○　岩手 ○　宮城 ○　秋田 ○　山形 ○　福島 ○　茨城 ○　栃木 ○　群馬 ○　埼玉 ○　千葉 ○　東京 ○　神奈川 ○　新潟 ○　富山 ○　石川 ○　福井 ○　山梨 ○　長野 ○　岐阜 ○　静岡 ○　愛知 ○　三重 ○

滋賀 ○　京都 ○　大阪 ○　兵庫 ○　奈良 ○　和歌山 ○　鳥取 ○　島根 ○　岡山 ○　広島 ○　山口 ○　徳島 ○　香川 ○　愛媛 ○　高知 ○　福岡 ○　佐賀 ○　長崎 ○　熊本 ○　大分 ○　宮崎 ○　鹿児島 ○　沖縄 ○

- - - - - - - - - - - キ リ ト リ 線 - - - - - - - - - - -

第　回　高等学校卒業程度認定試験

地学基礎　解答用紙

氏　名

（注意事項）
1. 記入はすべてHまたはHBの黒色鉛筆を使用してください。
2. 訂正するときは、プラスチックの消しゴムで丁寧に消し、消しくずを残さないでください。
3. 所定の記入欄以外には何も記入しないでください。
4. 解答用紙を汚したり、折り曲げたりしないでください。
5. マーク例

良い例	悪い例
●	

受験番号 ⇒

①
⓪①②③④⑤⑥⑦⑧⑨
⓪①②③④⑤⑥⑦⑧⑨
⓪①②③④⑤⑥⑦⑧⑨
⓪①②③④⑤⑥⑦⑧⑨

生年月日 ⇒

年号
明治（M）大正（T）昭和（S）平成（H）
①②③④⑤⑥⑦⑧⑨⓪
①②③④⑤⑥⑦⑧⑨⓪
①②③④⑤⑥⑦⑧⑨⓪
①②③④⑤⑥⑦⑧⑨⓪

受験地

北海道 ○	滋賀 ○			
青森 ○	京都 ○			
岩手 ○	大阪 ○			
宮城 ○	兵庫 ○			
秋田 ○	奈良 ○			
山形 ○	和歌山 ○			
福島 ○	鳥取 ○			
茨城 ○	島根 ○			
栃木 ○	岡山 ○			
群馬 ○	広島 ○			
埼玉 ○	山口 ○			
千葉 ○	徳島 ○			
東京 ○	香川 ○			
神奈川 ○	愛媛 ○			
新潟 ○	高知 ○			
富山 ○	福岡 ○			
石川 ○	佐賀 ○			
福井 ○	長崎 ○			
山梨 ○	熊本 ○			
長野 ○	大分 ○			
岐阜 ○	宮崎 ○			
静岡 ○	鹿児島 ○			
愛知 ○	沖縄 ○			
三重 ○				

解答番号	解答欄
1	①②③④⑤⑥⑦⑧⑨⓪
2	①②③④⑤⑥⑦⑧⑨⓪
3	①②③④⑤⑥⑦⑧⑨⓪
4	①②③④⑤⑥⑦⑧⑨⓪
5	①②③④⑤⑥⑦⑧⑨⓪
6	①②③④⑤⑥⑦⑧⑨⓪
7	①②③④⑤⑥⑦⑧⑨⓪
8	①②③④⑤⑥⑦⑧⑨⓪
9	①②③④⑤⑥⑦⑧⑨⓪
10	①②③④⑤⑥⑦⑧⑨⓪
11	①②③④⑤⑥⑦⑧⑨⓪
12	①②③④⑤⑥⑦⑧⑨⓪
13	①②③④⑤⑥⑦⑧⑨⓪
14	①②③④⑤⑥⑦⑧⑨⓪
15	①②③④⑤⑥⑦⑧⑨⓪

解答番号	解答欄
16	①②③④⑤⑥⑦⑧⑨⓪
17	①②③④⑤⑥⑦⑧⑨⓪
18	①②③④⑤⑥⑦⑧⑨⓪
19	①②③④⑤⑥⑦⑧⑨⓪
20	①②③④⑤⑥⑦⑧⑨⓪
21	①②③④⑤⑥⑦⑧⑨⓪
22	①②③④⑤⑥⑦⑧⑨⓪
23	①②③④⑤⑥⑦⑧⑨⓪
24	①②③④⑤⑥⑦⑧⑨⓪
25	①②③④⑤⑥⑦⑧⑨⓪
26	①②③④⑤⑥⑦⑧⑨⓪
27	①②③④⑤⑥⑦⑧⑨⓪
28	①②③④⑤⑥⑦⑧⑨⓪
29	①②③④⑤⑥⑦⑧⑨⓪
30	①②③④⑤⑥⑦⑧⑨⓪

解答番号	解答欄
31	①②③④⑤⑥⑦⑧⑨⓪
32	①②③④⑤⑥⑦⑧⑨⓪
33	①②③④⑤⑥⑦⑧⑨⓪
34	①②③④⑤⑥⑦⑧⑨⓪
35	①②③④⑤⑥⑦⑧⑨⓪
36	①②③④⑤⑥⑦⑧⑨⓪
37	①②③④⑤⑥⑦⑧⑨⓪
38	①②③④⑤⑥⑦⑧⑨⓪
39	①②③④⑤⑥⑦⑧⑨⓪
40	①②③④⑤⑥⑦⑧⑨⓪
41	①②③④⑤⑥⑦⑧⑨⓪
42	①②③④⑤⑥⑦⑧⑨⓪
43	①②③④⑤⑥⑦⑧⑨⓪
44	①②③④⑤⑥⑦⑧⑨⓪
45	①②③④⑤⑥⑦⑧⑨⓪

2023　高卒認定スーパー実戦過去問題集
地学基礎

2023 年 2 月 28 日　初版　第 1 刷発行

編集：J-出版編集部
制作：J-Web School
監修：平塚市博物館 学芸員　塚田 健
発行：J-出版
　　〒112-0002 東京都文京区小石川2-3-4 第一川田ビル TEL 03-5800-0552
　　J-出版.Net　http://www.j-publish.net/

ISBN978-4-909326-77-5 C7300 Printed in Japan